Joanna Spencer

EVA PERÓN 爱娃·庇隆传

(法) 若娜·斯彭塞 著 罗国林 译

作家出版社

同一位作家的作品

《格雷丝，一位看破红尘的王妃》

帕约出版社，2004 年

《奥德莱·赫伯恩》

帕约出版社，2005 年

“重要的是你给别人留下的印象。”

——乔治·路易·博尔赫斯

目　录

序幕

主宰的结束

1952年7月，布宜诺斯艾利斯。从阿伏拉内达到贝尔格拉诺，环绕着首都的烟囱吐出的黑烟，像不祥的预兆笼罩着天空。首都甚至整个阿根廷都处在焦虑不安之中。因为爱娃就要死了。一个伟大国家的权势极大的女主宰者，现在躺在她的金色宫殿一间禁止外人出入的房间里，只是同死神搏斗着的一个苍白的躯体了。全国人民都关注着这个女人的这场独特的搏斗。在一个国家的历史上，她破天荒地头一回从昵称进入了传奇。

爱薇塔就要死了，可是没有人确切地知道是什么疾病在吞噬着她。她所患的白血病是一个忌讳的话题。到目前为止，她算保全了面子。她否认了别人宣称她的情况恶化了的说法，竭尽力气到内阁露了面，并走到一个窗口向人们致意，但脸色蜡黄，一副似笑非笑的模样。这或许骗得了阿根廷，但骗不了死神。从7月9日起，谁也不再心存疑问。当布宜诺斯艾利斯庆祝完国庆节重新恢复平静，当阅兵式最后的步伐回荡过之后，当纪念阿根廷独立一百三十六周年最后的鞭炮响过之后，谎话就再也维持不下去了，因为穿着笔挺军装的庇隆将军，不得不单独主持了十万预备役军人的盛大阅兵式。

他身旁没有爱娃。

傍晚传来第一条爆炸性消息：国家电台宣布“总统夫人的健康状况不令人满意”。从此，成千上万的男女开始天天在报纸上寻找那句简短的话：那是用两三个单词说明阿根廷第一夫人健康状况的一句话。这是不安、议论和各种预测的开始。晚上广播里没有像每天一样报道总统的官方活动。这意味着他取消了几次会见，以便待在妻子的病床边。

接下来便是沉默。一种令舆论充满疑问的沉默：首先，谁在给爱薇塔治疗？她的医生们像她的疾病一样神秘莫测。人们很快猜测到有菲诺奇埃托大夫，他10月份给她做过手术，当下他推迟了其他所有的事。有伊瓦尼塞维奇大夫，即前国民教育部长，两年前他为爱娃做过盲肠切除手术。还有几位秘密抵达布宜诺斯艾利斯的瑞士医生，他们中有苏黎世的汉斯·施恩兹教授。

爱娃住所朝花园的门关闭着。这是一座很大的别墅，坐落在一个几乎见不到人的大花园中央。只听得见园丁们慢条斯理地剪枯枝的声音。仅有几位至交能够进去，其中包括通讯部长尼科利尼、新闻部秘书斯科德。大家都对爱薇塔的疾病守口如瓶。谈论她的疾病不止是不谨慎的问题，而是真正的大逆不道。

第二天是礼拜天，举行了数百场弥撒，为这位女病人的健康祈祷。整个官方的慈善机构都发动起来了。外交官们也都不安起来。法国大使决定取消一切欢庆活动。其他外交使团纷纷效仿。整个城市保持着沉默，像一家医院旁边的一条街道一样静悄悄的。

尽管一则公报说“情况稳定”，但谁都相信她的病情恶化了。每逢星期三举行的内阁会议7月16日没有举行。庞隆将军自14日上午以来就再也没有在他的玫瑰官办公室露面。他坐在爱娃床边。这一回命运让他们更接近了，比所有官方照片上更真实地接近了；在那些照片上，他们强作笑颜，像挥舞一面旗帜一样炫耀着他们的幸福。在这个白色的房间里，只听得见护士们的软底鞋走动的声音，他们夫妻俩像头一回那样相聚在一起。那时，她是一位因为遭到她的国家上流社会拒绝而有点尖刻的少妇，他是一位有抱负的军官。他们身后的门一关上，他们就不再是阿根廷所憧憬的传奇英雄，不再是南美洲的神圣伴侣。“庞隆成就大业，爱薇塔建树崇高”，墙壁上的所有宣传标语都这样写着。她有着金色的头发，玫瑰红的衣裳；他满脸喜气洋洋。现在她的脸消瘦了，她的头搁在枕头上，一动不动地躺着。他神情严肃，知道她只能活几个星期了。

但是日子一天天过去，什么事也没有发生。“爱薇塔就要死了”，整个国家不断重复着这句话，什么事也干不了，除了给她建纪念碑、给她授勋。然而，7月18日一则公报承认：“爱娃·庞隆的身体明显衰弱。”这个消息迅速传遍全国。人们成群结队停留在她的住宅前面。只见里面出来几个通讯员，骑着摩托向不知什么目的地疾驰而去。这一次公路交通完全中断了。傍晚时分，人们恐慌地从报纸和广播里获悉，最后的时刻就要到了。可是这是一条假消息。爱娃被戴上了氧气罩。她有所反应，甚至向数日来待在她身边的丈夫和母亲说了几句话。

第二天，总工会准备举行一次规模宏大的弥撒。这次弥撒打算在布宜诺斯艾利斯市中心矗立在7月9日大街的雄伟的方尖碑下举行。20日星期天，天刚亮就有许多代表团乘着卡车来了。女病人的主要业绩——爱娃·庞隆基金会——来自那的护士们在左右两边坐下来。她们的蓝色制服在灰色的雨中十分显眼。主持仪式的神甫赞扬爱娃·庞隆是“伸张正义的时代的第一个殉道者”。

爱娃的忏悔师贝尼特兹神甫最后引用《福音书》的话说：“你为穷苦人所做的一切，也是为我本人做的。”不过即使死亡也无法使一个国家的生活停下来。21日星期一，庞隆将军疲惫不堪地出现在他的办公室里。首都的生活仍在继续，只不过变得沉郁了些，不再上演某些轻松的剧目。在布宜诺斯艾利斯巡回演出的法兰西喜剧院，选择在海报上打出《王后之死》，作为一种嘲讽的敬意。22日星期二，在爱娃的房间里举行了一个私密的仪式。庞隆将军把圣马丁解放者勋章的大项圈授予妻子。这是珠宝工艺的一件杰作，上面有七百六十三颗钻石和三千八百二十一件黄金和白金饰品。这是为爱娃的收藏增添的最后一件宝物。

全国到处都在建爱娃纪念碑。尽管下着雨，但仍有成百上千的妇女挤在她那座关闭的官殿的大门外，被动地等待着。只有几辆汽车悄悄地从附近的大街上驶过。路灯柱上挂着牌子，要求司机们不要鸣笛。

7月25日星期五，垂死者接见了她的忏悔师，声音微弱地对这位伤心的高级教士说：“没有必要哭。我非常幸福。上帝给了我这个可怜的女孩子世间所能给予的一切。”

7月26日星期六上午，她把母亲、哥哥和几个姐姐叫到身边，对他们说："帮助我祈祷吧，我如果能挺过这个礼拜，就得救了。"但是在最后清醒的意识中，她摇摇头，说了一句："不过有什么用呢，这个消瘦的女人走啦。"

17点钟，爱娃·庇隆陷入昏迷。她的心脏病科医生不时为她诊脉。19点40分，爱娃当着她母亲、哥哥、几个姐姐和庇隆的面断了气。新闻部长决定等到遗体处理好了才宣布这个噩耗。1952年7月26日20点25分，电台宣布爱娃去世。

在阿根廷，生活停止了。似乎是为了更好地标明这个悲剧性的时刻，人们让这个国家的时钟在20点25分停下来。全国丧钟齐鸣。一场大雨猛扑向布宜诺斯艾利斯。电台播放着宗教音乐，而庇隆决定中止一切官方活动48小时，举国哀悼30天……

所有地方，包括餐馆、剧院、探戈夜总会里的一切都中止了。棚屋里都点亮了蜡烛。一部分阿根廷人仿佛变得呆傻了，其他的阿根廷人则拼命哭泣。

可是，他们哭的是什么人呢？像庇隆主义者们的宣传所讲的那样，是哭"国家的精神领袖，劳苦大众的殉道者，被遗弃的人的保护者，无产者的卫士，贫穷而年轻的阿根廷的象征，渴望建成一个新社会的建设者，只有癌症能把她打倒的女斗士"，还是在一个寻求认同的国家里为自己铸造了一个神话并因此找到了自己最好角色的一位失败的女演员？

第一章

苦难与报复

爱娃·玛丽亚·杜阿特于1919年5月7日早晨5点钟出生在洛斯·托尔多斯。这是布宜诺斯艾利斯省位于首都西边两百多公里的一个小村镇。为母亲助产的是一位印第安接生婆。两天之后，胡安娜·伊巴尔古伦在镇政府当着两个证人的面宣布她的女儿出生。两个证人是当铺职员约瑟·罗扎诺和高乔人胡安·卡博。

一个世纪前，曼克尔和马普切印第安人便在阿根廷未开垦的平原上搭起了帐篷。可是到了19世纪70年代，南欧各国遇到农业危机，迫使西班牙人、意大利人、葡萄牙人和法国人纷纷移民。从1870年到1914年，阿根廷接受了大约四百万移民。他们散居在潘帕斯草原上或布宜诺斯艾利斯，使这座城市成为南美洲最大的都会。

在移民之中，有一个赶大车的西班牙巴斯克人，名叫若青·伊巴尔古伦。他爱上了一个叫做佩特罗娜·努内兹的女流动商贩。他们的爱情生下了两个女儿：1894年生下胡安娜（爱娃的母亲），1895年生下莉贝拉塔。他们的家安置在一个乱糟糟的地方。那里集中着布宜诺斯艾利斯最边缘的建筑物——干打垒的棚屋、铁皮窝棚，里面拥挤地居住着在城市和乡村之间游移不定的许多人。可是，在布宜诺斯艾利斯工作很难找，这个家庭最终流落到了洛斯-托尔多斯，一个看上去很荒凉的村镇。

在阿根廷平原上的这些村镇里，到处尘土飞扬。尘土钻进小房子里，把玫瑰色或黄色的门面弄得黑乎乎。它滞留在闷热的空中，然后才慢慢地落到地面上。每到雷雨季节，暴雨横扫潘帕斯草原，道路便变得泥泞不堪。

爱娃的母亲就是在这样的环境下长大的。在这里，风车的金属叶片在风中嘎吱嘎吱地响，苍蝇整日里嗡嗡地叫，富人从火车站搭乘的汽车，像灵车似的把他们送到他们的庄园。这是潘帕斯草原最凄凉的村镇之一，建在一个印第安人营地的遗址上，在布宜诺斯艾利斯西面二百五十公里的地方。这村镇给人一种平坦的感觉，在高高的天空下显得异常低矮。这些低矮、积满尘土的房屋，都是用红色或白色砖头砌成的，门面平淡无奇，屋顶也是平的，不时看见一个阳台。树木的树干都刷了石灰，树顶都是认真摘掉的。由于远离中心城市，这里的道路都没铺柏油。

胡安娜七岁的时候，当地一个政客胡安·杜阿特，虽因贿选而臭名昭著，却是一个乐天派，在奇维尔科伊娶了艾斯特拉·格利索丽亚，为他生了三个女儿。他因为有收入，1908 年在洛斯-托尔多斯租了两个庄园。胡安娜十五岁时，就进了其中一个叫“联盟”的庄园当炊事员，为高乔雇工们做饭。像洛斯-托尔多斯这样一个村镇，能为一个女孩子提供什么呢？如果她拥有一块土地和体面的婚姻，又受过一点教育，那么她可以谋求到一个小学教员或邮政所职员的职业。可是她这两方面的条件都不具备，所以只好到富有的主人家当佣人，勉强保持一点体面。

但是胡安娜·伊巴尔古伦颇有抱负，尤其又讨人喜欢。那时一个女孩子直到十四岁还是处女已属罕见，她 1910 年就成了东家的情妇和他几个孩子的母亲。对在奇维尔科伊结过婚的胡安·杜阿特而言，这种双重的夫妻生活丝毫不损害他的名誉，这是司空见惯的事情。只有他那些最讲究清规戒律的朋友可能会觉得诧异，他的合法家庭会感到气愤。一个男人忠于配偶的确比较优秀。然而胡安·杜阿特天生遵守习俗，他与堂娜（即夫人）胡安娜——正如人们出于礼貌称呼的——的关系持续了十二年以上。杜阿特在奇维尔科伊和洛斯-托尔多斯之间的旅行，1910 年生下了布兰卡，1913 年生下了艾丽莎，1914 年生下了胡安·拉蒙，1917 年生下了艾尔曼达，最后在 1919 年生下了爱娃。

胡安·杜阿特似乎没有忘记他对自己这个不合法家庭的责任。他虽然不与这个家庭一起生活，但经常去看望，而且不否认他的父亲身份，因为他允许他的子女们自由地姓他的姓，还选择了一位朋友做爱娃的教父。但是他的合法妻子施加的压力终于起了作用。在爱娃·玛丽亚出生后不久，他便决定永远地抛弃他的姘妇及五个孩子。

幸好胡安娜是一个勇敢的女人。她租了一间简陋的柴泥小屋（地面夯实后，她安了几块隔板，把卧室与厨房隔开）。她有一台旧缝纫机，为了养活这个小家庭，她什么活儿都接。她从早到晚不停歇地蹬着那台新日牌缝纫机，腿上的静脉受不了，破裂了，发生了溃疡。

在这个保守的、大男子主义的阿根廷，胡安娜的几个孩子生活在贫困之中。他们的私生子身份使他们遭到嘲笑和侮辱。人家不愿意和他们打招呼，见到他们就露出轻蔑的笑容，恣意欺负他们。胡安娜认为，她一家人要尊严地面对逆境。况且一次事故显示出小爱娃很有勇气。她五岁时，不小心把一锅热油打翻在自己脸上，造成二度烫伤。

面对疼痛爱娃表现得挺勇敢，基本上没有哭。家里人按照一个印第安女人的建议，每天往她脸上敷一种野草制成的香膏。这香膏使她的皮肤变得又白又细，几乎透明。

一种严重得多的灼伤，1926 年 1 月 8 日在阿根廷的盛夏等待着她。当时胡安·杜阿特因车祸去世。在父亲安葬之日，小爱娃头一回扮演了自己的角色。在奇维尔科伊，胡安·杜安特的合法家人令人可以理解地缺乏慈悲心肠，不准胡安娜带着她的孩子们去送葬。在阿根廷，葬礼对于一个家庭具有重要意义。胡安娜如果参加葬礼，她与死者的关系就会正式化。这当然是她想争取的，同样也正是杜阿特的合法妻子想避免的。于是胡安娜求助于爱娃的教父（埃斯特拉·格里索利亚的兄弟）。爱娃的教父争取到一种妥协的安排：胡安娜的孩子们参加送葬，但母亲不能参加。

当时最大的孩子布兰卡十六岁，艾丽莎十三岁，唯一的男孩胡安·拉蒙十二岁，艾尔曼达九岁，小爱娃六岁。她还太小，所以由她的教父抱着，但已经够大了，看到父亲另一个家庭的人个个一副敌视的样子，心里就生气，因为那个家庭比自己的家庭富有。她尽管只有六岁，但知道另一个家庭和她共享一个爸爸，这对她是一个打击。

合法的孩子们和篡位的孩子们，杜阿特氏的继承者们和伊巴尔古伦氏的私生子们之间的目光是骗不了人的。每个人都想争取在死者面颊上轻轻亲一下的权利。这个时刻与现实不相符，因为胡安娜的孩子都身着盛装。小姑娘们，甚至年龄最小的，都匆忙地穿上了孝服——黑色连衣裙，黑色袜子，黑色鞋子；胡安·拉蒙衣袖上佩着黑纱。这种礼仪，两个家庭之中不合法的家庭贫穷的家长是不能忽视的。所以爱娃显得像一个文静的孩子，有着浓密的头发。她由教父抱着，比她的哥哥和姐姐们能更好地越过贵宾们和她的同父异母姐妹们的肩头，看到她父亲的棺材。她怀着孩子难以克制的敌意看待她同父异母的姐妹们。

这个有着褐色头发、鹰钩鼻子、黑溜溜的大眼睛的瘦瘦的小姑娘，领略了她一生中的头一次屈辱。她明白自己的私生子身份使她没有社会地位。人家把她和她的兄弟姐妹排除在主人的葬礼盛大的纪念活动之外。法律剥夺了她的权利，天主教的合法性不容忍罪孽的孩子。发生了一件非常短促的小事，在场的人都没有注意到，但在小爱娃的记忆里却留下了难以磨灭的印象。正当人们在讨论是否让她的家人参加为她父亲守灵时，主持祭礼的神甫不引人注目地轻轻抚摩了一下她的脸蛋，对她表示鼓励。爱娃永远忘不掉这一天受到的侮辱和神甫的这个安慰动作。后来她成年后的许多行动的根源，也许就存在于奇维尔科伊所发生的这些事情之中吧？爱娃后来写道："从我能记事的时候起，每一次不公对我的心灵的伤害，就像有人往我的心灵里钉进了一个什么东西。每一岁都给我留下了一个不公的回忆，使我无法平静，使我心灵深处痛苦不堪。"

奇维尔科伊是世界的尽头，是布宜诺斯艾利斯省的尽头。那里的土路难以通行，从那里真正开始了阿根廷的潘帕斯草原。奇维尔科伊作为一个村镇，像是为渴求拍真实电影的导演设的一个布景。这里有普尔佩丽亚小酒店，这一隅之地的几个大庄园主经常在里面喝得酩酊大醉。这些庄园主并不是阿根廷图片上那种饲养牲畜的巨富，而是一些只比放牧牲口的雇工富裕一点、权势多一点的庄园主。生活在这样的环境里怎能不感受到不公平，怎能不感受到贫困呢？爱娃认识的第一个穿西服的人是住在用晒干的土砖砌成的茅房里。

葬礼一结束，胡安娜便带着她的孩子们默默地、屈辱地踏上了归途，明白他们从此要面对新的问题——因为胡安·杜阿特突然去世，留给他们的只有名誉扫地和耻辱。胡安娜一家要搬到一片荒地上一间更小的房子里去住，周围尽是灌木丛和豆角树丛。“我们的生存问题成了不同形式的日常斗争。”艾尔曼达后来说。这个由女人组成的家庭陷入了极度贫困，如果不说绝对贫困的话，只有靠胡安娜做缝纫和艾丽莎在热内拉尔-维亚蒙特邮局当职员辛辛苦苦获得的一点微薄收入，才得以维持。

胡安·杜阿特之死造成的经济困难，使爱娃推迟了一年才上小学。她的童年是严酷的、孤独的。根本记不得与其他男孩子和女孩子一块玩过或分享过玩具。后来她提到自己的童年时，只记得在厨房里夯实的地面上大摇大摆地漫步的几只母鸡、院子里的几只山羊和狗，还有碧绿、平坦的牧场上的牲口群。

1927 年爱娃·玛丽亚·杜阿特读小学一年级时，不是一个勤奋、优秀的学生。一百八十四天课她缺了四十八天。她给女教师尼迪娅·德·拉托尔·德·迪拉戈斯托只留下一个模糊的印象：“我忘记了这个女学生的模样，大概因为她没有在这个村镇上读完小学吧。她多半沉默寡言，没有多少伙伴。我似乎记得母亲们要她们的孩子排斥爱娃和她的几个姐姐。”爱娃只取得刚好及格的成绩，第二年她留了级，不过成绩变得优秀了。

九岁时的爱娃是一个身材苗条的小女孩。她神态忧郁，长大成了一个有着深黄色长发的女孩，人瘦瘦的，与黧黑的阿根廷人比较起来，脸色格外苍白。她很不像她的几个姐姐，人非常聪明，凭直觉办事，性格粗暴。她常常作出带情绪的反应，会为一点小事发火。1931 年 2 月 6 日，她的家搬到胡宁去住，因为她姐姐艾丽莎被调到了那里①。胡

① 是洛斯-托尔多斯的总务官帕斯卡尔·勒蒂埃里作出了有利于艾丽莎的干预，使她得以迁升胡宁邮局。——原注

安娜一家人住在莫瓦泽－勒文松街（当时叫瓦斯凯兹街）的一所破旧的房子里。她重新开了缝纫间，每天忙活儿到夜里，俯在她那台新日牌缝纫机上。爱娃永远把妈妈的这个形象藏在心底。

那个时期并非一切都是阴暗的。布兰卡在小学教师资格考试中获得了成功，艾尔曼达完成了学业，胡安在街上卖玫瑰牌蜡和根牌香皂。爱娃则表现出了艺术天赋，在《学生们前进》这出戏里扮演了角色。这出戏是她学校里一些学生演出的。她有一双很美的眼睛，但目光忧伤，而且终生如此。

1932 年中，靠着胡安和艾丽莎的收入，他们家搬到了一个比较富裕的小区阿尔封索－阿尔西纳街和拉瓦勒街交叉的地方，后来又搬到文特街 90 号。罕见的奢华：这个新住所包括三间卧室和一间客厅兼餐厅。胡安利用客厅开了一间小小的膳宿公寓和一间餐馆，接待用餐者或给外面的顾客送餐。据他们的女邻居勒纳塔·科洛纳多·德·努奥西讲："杜阿特一家很穷，只有靠给人提供餐食才能维持生计。"

他们的房屋与阿根廷所有城市的住宅一样，都是 F 形状，正面有两个带阳台的窗户和一道直接朝向便道的窄门。客厅后面那排卧室都没有窗户。院子以邻居的墙壁为限，中间被比其他房间大的一个房间分开。这个房间充当餐厅，把厨房和前面的几个房间隔开。院子里有几棵箱栽的绿色植物。屋后是一个小花园，有一棵柠檬树和一台给屋内供水的金属风车。胡宁和所有西班牙殖民地城市一样，都是按这种平面图建设的，由一百平方米的住宅群组成。阿根廷人的所有住宅都不得不效仿，建得奇形怪状。这些住宅都不方便，因为从一个房间去另一个房间都得穿过卧室或院子，而且外观很难看，住在里面一点也不舒适。

爱娃上街买东西、摆餐桌……她情绪多变，时而快乐活泼，时而神秘兮兮、闷闷不乐。她不停地阅读电影杂志和爱情故事，变成了一个浪漫、狂热的姑娘。可是，什么样的命运在等待着她呢？暂时嘛，还是学校。她学东西学得很快，却始终是一个不好不坏的学生，一点也不出色，就像她的小学老师找出来的她的分数（十分制）所表明的那样：操行十分，阅读四分，写作六分，语法三分，算术五分，历史四分，地理五分，公民义务教育五分，几何和图画五分，物理和化学五分，植物学和农业五分，动物学和代养牲畜（潘帕斯草原的女孩子的必修课）五分，矿物学和考古学五分，解剖学和生理卫生学五分，劳作七分，体育九分，唱歌和音乐十分。她表现得出类拔萃的唯一活动是体操和所谓的娱乐活动。她的学习马马虎虎，而像圣母一样丰满、有一头金色头发的布兰卡已经是学校的代课老师；纤弱、阴郁的艾丽莎也已经是邮局职员。将近十三岁时，爱娃甚至厌倦了学习。

孩子们相继结婚，使胡安娜在获得资产者尊严方面有所进展。金发姑娘布兰卡嫁给了胡斯托·路卡斯·阿尔瓦勒斯·罗德里格兹，他是律师和胡宁国立学校的老师。从此布兰卡支配好几个佣人。当杜阿特夫人来到女儿家时，佣人们都向她鞠躬，使她高兴得流下了幸福的热泪。艾丽莎与第七军事区长官赫尔米诺·阿里埃塔结了婚。这两桩婚事是社会地位的一种上升，但并不一定向他们敞开了城市中产阶级的大门。杜阿特的儿女们仍然承受着私生子的耻辱。

正如杜阿特大妈所想的，在婚姻这条暧昧而严肃的道路上，爱娃是唯一停止不前的学生。她不力求引起显要人士对自己的注意，吸引他们与她结婚。她不听话，也不是很有教养，不温柔、亲切，也不像两个姐姐一样丰满。她干脆而固执地拒绝理解一个女孩子天生就是要结婚的说法。这使她母亲感到绝望。

吸引她的是演员的职业。她一直对戏剧表现出明显的兴趣。这不只是一种倾向，而是天性使然。她喜欢化装和戏装。用一块普通的布，她能把自己装扮成一副新奇的模样。她喜欢把自己装扮成明星。仗着自己年幼和所谓的天真纯朴，她什么过分的事情都做得出来。在家里她合着想象的音乐节奏下楼梯，将大腿都露出来。她穿透明的短裙和轻佻的衬衣，挑逗围着她两个姐姐转来转去的那些不三不四的男人。这一切都因为她年纪小而不会受到惩罚。一个十二岁的女孩子，可以毫不害羞地撩拨男人，向他们抛媚眼，而不像姐姐们那样现出一副怯生生的少女的模样。不过这只是出于好玩。挑逗是爱娃最基本的武器之一。她出于好玩而模仿好莱坞的明星，用好莱坞明星的照片贴满了她卧室的墙壁，与她年幼的哥哥一块欣赏。晚上，她在那些照片面前摆出神气活现的姿势，用沙哑的、野兽般的声音宣布："胡安，我会当上演员……我会让全世界拜倒在我脚下。"她整个一生都让人想起她对乔装打扮的兴趣。

好莱坞淡金色头发的吉恩·哈洛让她想入非非。像她这个年纪的所有女孩子一样，好莱坞明星们的传记没有任何细节她不知道。如果要分析促使爱娃喜欢演戏的心理方面的动机，人们无疑会提出她渴望摆脱日常生活的平淡无奇，而一头扎进一个梦想中的世界。演戏意味着逃避。她可以让自己变成女主角或公主，暂时忘却她的贫穷和她的社会地位的局限。第二个是物质方面的动机，是由第一个动机产生出来的：她感觉到这种充满忧患和屈辱的生活，除了演戏，没有别的办法能够摆脱。通过阅读杂志、听广播，她熟悉布宜诺斯艾利斯的艺术界，熟悉走红的女演员和歌手们的成功之处。当时小爱娃·杜阿特不大可能把演戏的职业当成克服精神焦虑和生存不安的镇静剂，尽管后来她肯定地说："我从年纪很小的时候起，就一直想朗诵。就像我想向别人说一点什么，说点我内心深处感受到的崇高的事情。”①

爱娃学习时间短，只读完了小学。这要么是因为家里经济状况不好，要么是因为她身体比较虚弱。在学习上，她没有表现出任何特别的天分，但是学校里的一切文娱活动，她总是积极参加。她已经表现得特别喜欢参加国庆节的爱国游行。小姑娘们穿着上过浆的白色围裙，头发上结个白丝带大蝴蝶，胸前别一个白蓝两色玫瑰花结，用尖尖的、不一致的嗓音唱着赞美祖国的歌，参加游行。那时，当局向学生们灌输自我陶醉的民族主义，大概是为了抵消他们对世界的疏远。当局教育他们说，他们的国家在世界上所占的位置，像太阳在天上所占的位置一样重要。他们唱道：“世界上各自由国家的人民相互应和：向伟大的阿根廷致敬。”胡宁这样一个小城能向爱娃这样雄心勃勃的女孩子提供什么呢？

在学校里她学功课就像鹦鹉学舌，和大家一起跟着老师念。小城里没有一家图书馆，没有一家书店，没有郊游，也没有野餐。再说尘土飞扬的大路上，常常看到被遗弃给蛆虫和蚂蚁的牛马尸体，实在不那么吸引人。只剩下火车站，在那里可以等待开往布宜诺斯艾利斯的火车。还有就是夏天黄昏时分，与五六个女朋友手挽着手，去市场附近散步。所有女孩子，甚至包括杜阿特家这些没有受过严格教育的女孩子，都遵守在黄昏时分散步的习俗。好一幅无聊而乏味的遵守习俗图！

胡里奥·奥特罗在爱娃还是少女时就认识她，断言爱娃“天生能揣测到人们心里感受到的东西”。毫无疑问，这样的品质使她能够事先应付在胡宁等待她的没有出路的未来。她如果谨守妇道，就会嫁给某

① 在《我活着的理由》里，爱娃确切的说法是：“我还是个小姑娘时，就已经对朗诵感兴趣。我感到需要说出某种崇高的东西，说出某种我内心深处感受到的、我要献给所有人的东西。”——原注

个肥胖的饲养员；她如果不受妇道束缚，就会重新经历她母亲充满风险的命运。“我要嫁给一位王子或一位总统！”有一天她向艾尔曼达吐露。数年之后她忏悔道：“正是为了这个原因我离家出走了。我母亲可能要让我与村镇的某个人结合，而这是我无法忍受的。”她的内心充满对自由难以遏抑的渴求。自己支配自己而不要任何形式的主人和束缚。本能地反习俗，这将是未来反叛的根源，也将决定她的命运。正如她所说的：“我一直是自由地生活，我像鸟儿一样喜欢树林，我甚至无法忍受在父母家或在我出生的村镇里生活所代表的束缚。”

为了充分理解爱娃·杜阿特的生活环境，重要的也许是要知道有一道鸿沟隔开了小镇的居民与周围的乡村，要知道这里是一个像洛斯-托尔多斯一样的村庄或一座像胡宁一样的小镇。这些村镇大部分像简陋的房屋组成的小岛，嵌在世界上某个最富裕的农业地区。富饶的金色田野，获奖的牛群，漂亮的驾车的马，古老的庄园有着大扇的玻璃观景窗，夏天放下护窗板抵御炎热，庄园的周围是一丛丛的含羞草、桉树和树龄超过三十年的金合欢。所有这一切都属于阿根廷乡村的贵族阶级！大地主们积累了巨大的财富，各个村镇却丝毫没有受益，因为庄园与村镇之间没有任何交流。连小庄园也形成独立的社群，至于往往占地一万二千公顷以上的大庄园，都有自己的教堂、学校和医院。一个家族可以拥有六个庄园。大地主们把他们的财富带到巴黎去挥霍，把他们的孩子送到哈罗公学。他们有时回来住一段时间，下榻在布宜诺斯艾利斯他们豪华的公馆里。于是人们可以看到他们的孩子们戴着手套、穿着笔挺的衣服，在帕勒莫公园里从容不迫地玩耍，旁边有一位英国保姆或一位法国家庭女教师小心地看护着。这叫人怎能不梦想首都，不梦想布宜诺斯艾利斯呢？

嫁给胡宁的一个大地主，埋没在这座凄凉的乡间小城里；还是离开家，离开这个招赘丈夫的家，去布宜诺斯艾利斯碰运气？爱娃已经出落得很漂亮，个子不高，但人长得秀气，学会了把自己化妆成一位少妇。当时她还是处女吗？这说不准，不过关于男人她已经了解得很多。那么去布宜诺斯艾利斯？她的一位女校友去了首都，成了电台的女明星。在城里不会缺钱花，男人们都有钱，女人们都穿金戴银。爱娃竭力博得每次巡回演出的男演员们的青睐。不是他们吹的牛皮，而是他们在首都的所谓“成功”欺骗了她，或者说他们代表了她在成功之路上迈出的第一步。不管怎样，当一位年轻的探戈舞歌手开始向她献殷勤并向她许诺种种她都不敢相信的事情——其中包括电台的聘用时，她就不止是认真地听了。

爱娃后来说：“在所有人的一生当中，都会出现一个似乎是决定性的时刻。这就是你以为永远踏上了一条单一的、一成不变、没有曲折、不会有新景致的道路的那一天。你以为从此你整个一生每一天都会重复同样的动作，可以说你终于找到了自己的道路。这正是我一生当中那个时期所遇到的事情。我甘于受害者的处境，甚至甘于一种平庸、单调、在我看来毫无价值但不可抗拒的生存方式。我没有任何希望摆脱这种生存方式。而且，我当时的生活于单调之中又有相当多的烦躁不安，完全占据了我的身心。然而，在内心深处我并不真正甘心。我‘伟大的’日子终于来到了。”

一切都发生在1935年1月3日。一位探戈歌手阿古斯丁·马加尔迪路过胡宁，住在杜阿特膳宿公寓。爱娃为遇到一位“明星”而感到荣幸，给他朗诵了一首诗歌，并告诉他她希望当演员。这位艺人把自己的地址留给了她。可是要说服她母亲和她两个姐姐让她到首都去，并不是一件容易的事。她的固执得到了报偿，条件是要由她哥哥胡安陪同前往。全家人凑足了买火车票的钱和一百比索的一笔小小的旅费。

这位十五岁的贫穷的姑娘，来自一个落后的省份，竟勇敢地要去征服首都和每个人都嘲笑乡巴佬的艺术界。她的意志和勇气使她无视自己的疯狂梦想所冒的风险和危险。爱娃对戏剧一窍不通，却在想象中看到自己当上了演员。她满脑子尽是她浏览过的杂志里所刊登的形象。她到达雷蒂罗火车站时，她刚服完兵役的哥哥胡安在站台上等她。布宜诺斯艾利斯，让咱俩来较量一下吧！

第二章

艺术家

1935年同时记录了两件事情：一是自古以来最著名的探戈歌手卡洛斯·加尔代尔去世；二是一个大眼睛、年仅十五岁半的姑娘爱娃·杜阿特来到首都，投入了一位迷人的高乔民乐游方演奏者的怀抱。阿古斯丁许诺过为她在布宜诺斯艾利斯找到一个演戏或演电影的好差事。可是他非常清楚，她不久也明白了，光有美貌是不够的。要想初露尖角，必须有经验和才华。爱娃两样都不具备，从一开始就处于不利地位。许诺的差事只不过是一种幻想。这对情人很快分了手。一时的兴致得到了满足，阿古斯丁·马加尔迪重新挎上吉他，出发去外省寻找新的勾引对象。

爱娃则留在了首都。她绝不想回到母亲身边。她仍然决心无论如何都要成为艺术家，因为她相信，即使事情变糟，她也能够应付。布宜诺斯艾利斯烈日炎炎、酷热难当，汽车的喇叭声、报贩和流动商贩的叫卖声震耳欲聋。市政道路的一位职员在大道两旁的树底下和花坛上懒洋洋地浇水。身着红绸服、脚穿白鞋、头戴薄遮阳帽的顾客，坐在大咖啡馆露天座的阴凉处，喝着清凉饮料。

1935年的布宜诺斯艾利斯是一座很美丽的城市，一个完全面向商业的港口。一座建筑风格宏伟而又呈现着梦幻色彩的城市，面对古老的欧洲模式寻求着自身的认同。在这里，贫穷和财富并存，探戈舞曲在咖啡馆里如泣如诉，穷人们在这里挤来挤去，寻找着一个梦。它不像美国梦那么有活力，但类似美国梦。穷人们从他们贫穷的乡村来到这里，希望靠捡富人们掉下的面包屑生存下去。

在布宜诺斯艾利斯，爱娃是否感觉就是在自己家里呢？后来她写道："我常常想象，大城市是神奇的地方，在那里你所遇到的到处是财富和沿着你自己的道路生活的快乐。人们通常把大城市说得像天堂，那里一切都美好而奇特。我似乎觉得那里的人比我村子里的人得到更好的对待，活得更有尊严。"

人一到达布宜诺斯艾利斯，立刻就会有一种奇怪的感觉。这并非到了一个陌生地方那种明显的不自在感，也不是那种强烈的异域风情之感。布宜诺斯艾利斯是一座国际性城市，它的建筑是古典风格和现代风格的混合体，它的人口来自世界各地。它是一座巨大的城市，加上周围的郊区，构成"大布宜诺斯艾利斯"。然而在这座城市里，你不会感到迷失。这是因为布宜诺斯艾利斯是其复杂的杂居人口的完美体现，是自19世纪以来来自旧大陆的许多移民浪潮所带来的零件构成的一座城市，是一个组拼起来的图案。在国会大厦或马约市场那一带有点像马德里，在漂亮的勒科勒塔小区有点像巴黎，而博卡的有些街道则有点像巴塞罗那或那不勒斯。这里那里，一些金碧辉煌的建筑显示出一个由外国资本尤其是英国资本维持的繁荣的阿根廷。这个有许多外国阔佬出入的、富有而繁荣的布宜诺斯艾利斯，正是影片《吉尔达》的故事发生地。

这是一座艺术和文化繁荣昌盛的城市。《新闻报》和《民族报》堪称两份最优秀的报纸，戏剧歌剧院赫赫有名。共计有二十家剧场，六个无线广播电台，大约三十家出版社每月出版百余种书籍，此外还有数不清的科学、文学、专业和体育杂志在西班牙语世界广泛发行。喧嚣而充满活力的布宜诺斯艾利斯，是目的地和祝圣之地，是为偶像加冕或使希望破灭的城市。外省和拉丁美洲的其余地区生活在这位“金钱王后”的无穷魅力的诱惑之中。像世界上的所有大都会一样，阿根廷的首都是一面诱鸟反光镜。1935 年，布宜诺斯艾利斯的梦，是银幕上、汽车仪表盘上和杂志封面上的美国梦。爱娃会成为吉恩·哈洛或玛丽·璧克馥吗？

爱娃起初感到失望：“在这座城市的住宅小区里，我立刻看到了贫困，明白了在这座城市的街道和住宅里，同样有穷人和富人。”胡安·拉蒙·杜阿特在兵营里不能出来，帮不了妹妹多少忙。她只好孤立无援地设法应付。最初几个礼拜她住在什么地方？假设多种多样：住在女演员玛露雅·吉尔·凯扎达家、卡拉奥大街的一家小旅馆、一个叫乔瓦诺纳的人开的一家客栈里，等等。不管怎么说，她的确频繁地更换住的地方，以至于人们难寻她的踪影。这并不重要，只不过说明爱娃初来乍到那几个礼拜生活极不稳定。

除了住，她还必须尽快找到一份工作，但不是随便什么工作，而是要在一家剧院找到一份工作。她买了一双高跟鞋，使自己增高了几厘米，而且还做了一个非常讲究的发式。她开始在戏院区的科利昂特林荫道走来走去，想找一份工作。在这条像巴黎的香榭丽舍大街的美丽的林荫大道，她去找不同的戏班班主，竭尽所能但还是很笨拙地进行求职试演。五年的贫困和失望在等待着她，漫长的五年间她到处屈辱地碰钉子，无声无息地生活着。后来她说：“我经历了忍耐痛苦和希望破灭的焦虑。”由此可以想见她心头的怨恨。

再说，她怎么能够一下子就获得成功呢？事实上，她既没有特别的才能，也没有经验，更没有出众的美貌；而且既没受过多少教育，也没有钱，更没有有影响的朋友。冷嘲热讽可能使这个不知天高地厚的姑娘恼怒，但并未使她灰心丧气。在她这个年龄，想象力在最平凡的女孩子的思想上起着重要作用，但她的梦想与一般少女多愁善感的向往毫无共同之处。她的梦想并不是帮助她逃避现实而是给她提供活力，那是她卑下、令人失望的生活中唯一的快事。她最喜欢阅读的东西流露了她心灵的秘密：她酷爱《为了你》。这是在有许多爱情故事并在浪漫的女孩子中流行的一份报纸。

爱娃涂着黑眼圈，嘴唇抹得鲜红，头发故意染成淡金色，围着戏院和电影制片人转来转去。她想使自己显得纯朴动人，但不知道自己那张脸和她的人一样生硬，她的目光像她憋在心头的那股劲一样幽怨，她永远不可能成为一个柔媚的女演员。加上她只有一米五五的个头儿，人瘦得出奇，嗓门又粗……怎样纠正这一切呢。她的雄心并没有因为碰了一次次钉子而泄气。当她在一位戏班班主或剧院院长面前表演后，班主或院长所做的尖刻评语不会使她掉眼泪，而是点燃她的满腔怒火。戏班班主们都是撇一撇嘴，捂住耳朵。爱娃不承认失败，不在十次一样的评语前发抖，而是怀着满腔的愤怒。她在希望和怨恨之中生活了两年。学艺的演员所能遭受的所有屈辱，她都当做是对她的人格、对她的价值、对只有她自己深信不疑的价值的侮辱而加以忍受。爱娃不是——永远不再是一位受屈辱的女性，而是一位复仇的女性。

她以一位集合牛羊群而不怕牛羊顶的农家女的那种自信，在这座大城市里走来走去。她寻求一个角色，但并非不惜任何代价。对渴望温柔的男性小演员、银行家、制片商们赤裸裸或半遮半掩的提议，她不上钩。她异常纯洁，异常强硬，心里没有爱情，也没有怜悯，只靠她唯一的武器即令人生畏的意志、缺乏条理而嗓门洪亮的表现力和天不怕地不怕的胆量，继续奋斗着。她去豪华歌舞餐馆里唱歌，发现这个世界上享有特权的人，对她还不如对一个瓷花瓶注意。

阿根廷影剧业腐化的圈子腐化不了她。爱娃很精明，不会落进他们的圈套。她知道自己的价值，深信总有一天自己会出名。她靠演群众角色和演一些小角色，勉强维持生计，确保微薄的口粮。我们从国家档案里得知，1935 年 6 月 19 日，爱娃·杜阿特扮演了玛丽亚这个人物，是在《每个家庭是一个世界》这出戏里断断续续出场的。演员的名字是按字母顺序排列的，在海报上她的名字得天独厚地排在前面。观众按照情节剧的纯粹传统，立刻毫不留情地批评她的演出“道德上拙劣”。爱娃去敲所有的门，决心无论什么哑角都接受。5 月份，一个剧团即喜剧团的女经理爱娃·佛朗哥，让她在埃内斯托·马西利的《佩雷斯太太》这出戏里担任一个女佣人的哑角。这个月初，她就在维克多利安·萨尔杜的那出经久不衰的戏《毫无顾忌的太太》里演了一个小角色。

在首都生活艰难。她住很差的供膳食的寄宿处，没有钱付房租时，就去某个女同事处睡觉。传说爱娃天天都穿同一件连衣裙，为了面子每天晚上都把它洗熨一遍。每天早晨她用一双旧袜子或废纸把胸罩塞得鼓起来。一日三餐常常是一杯马黛茶和一块面包。

爱娃轮流参加演出活动和参加巴黎电台的工作。1936 年 1 月 2 日，她在喜剧《夫人、先生和小偷》里扮演一个女秘书。她每次演出拿到将近三个比索，相当于一顿简单膳食所需的费用。在接下来的四年间，她的生活依然如旧：扮演小角色，隔一段时间出场一次，没有保障，食不果腹，希望和失望并存。她什么角色都接受，例如在《要命的吻》里扮演一个女护士。这是约瑟·佛朗哥剧团在国内演出的一出情节剧，目的是让公众警惕性病的危险，演出得到阿根廷社会预防联盟的赞助。在罗萨里奥，一家报纸发表了一篇关于爱娃的介绍，人们看到她精心打扮的脸上洋溢着微笑。为了庆祝这件事，她与女友菲娜·布斯塔芒特去港口散步，还挽着一位巴西水手的胳膊拍了一张照片。她住在一家三等旅馆里，靠织毛线消磨时光。

1937年，爱娃随着几个姑娘来到安娜玛丽·亨利克的电影摄影棚。她们之中有一个将被选中在下一部电影里扮演一个角色。那位著名女摄影师默默地打量着面前这个姑娘：她体质娇弱，胸部扁平，两条腿生得不直，腿肚子粗短，泰然自若地站在她面前。安娜玛丽知道她应该拍一张性感照片。穿泳装上场是可行而又不伤风化的极限。她不想排斥任何一位候选人，便请一位前来求职的姑娘把她的泳装借给没有泳装的爱娃。年轻的爱娃穿上泳装走到平台上。摄影棚里一片嘲笑声，只见泳装在爱娃身体四周晃荡着。女摄影师于是决定给她乔装改扮一下，用棉花塞得胸部勉强鼓起来，用夹衣服的夹子夹得泳装贴紧肚皮，还要她一定把两条腿蜷缩起来。我们找到了这张照片：爱娃强装笑容，显得非常虚假，极不自然，几乎是可怜巴巴的。

然而，爱娃没有抱怨。现在她距她如此渴望的这种奢华的生活已经很近了。她可以看到阿根廷贵族阶级很有派头的贵妇，在她们穿着讲究的假正经的女儿们陪同下，坐着敞篷车去歌剧院；她可以闻到豪华餐馆里烤鸡鸭散发出的香喷喷的味道；她可以去很专属的骑师俱乐部前面码头的斜坡上散步。总之，梦想似乎触手可及了。

她雄心勃勃，可是她是否意识到自己缺乏才华呢？一位无情的女友后来写道："她对演员的职业意味着什么一点概念都没有。"对于那些通过顽强努力取得成功的明星，她表现出的只是惊愕与蔑视。她羡慕的不是她们的才华而是她们的地位。她公开表示吃惊，认为她们不会更好地利用自己的“潜力”。不管做什么事情，爱娃所关心的不是自己的工作，而是它所产生的印象……在爱娃与演员生涯之间，隔着一堵缺乏理解而并非缺乏智慧的墙壁。她不肯下任何工夫改善她的语调和措辞（这一点从她后来的表现看，她是完全能够做到的）。她有模仿的天赋、准确的听力和极好的记忆力。她常常能记住主要演员们所扮演的角色，可是她专门只记住那些可能对她有用的人的名字或嘲笑过她的人的相貌。她似乎没有意识到自己缺乏教养和体谅之心，或者至少她不愿意承认，甚至不愿意私下承认这一点。她接受人家有时交给她的小角色，可能是受到要使自己引人注目这种需要的驱使。她台词说得太快，每个句子的结尾都提高嗓门，把在学校里学到的朗诵方式用来说最充满激情的台词。

雇用她演一个小角色的佩叶丽娜·迪勒西证言道：“爱娃是一个透明的小东西，非常单薄，非常娇小，有一张长长的脸。我们用可怜的一点工薪雇用了她。我们每周工作七天，星期天连续演四场。下午，大家集中到化装室里喝一杯。爱娃总是要一杯珍珠米马黛茶，考虑到她体质娇弱，我给她加了点牛奶。她非常瘦，简直一阵风就能刮跑。由于饥饿、贫穷，加之不懂得自我爱惜，她的手总是冰凉，有点出汗。再说她在做演员的工作时也是冷冰冰的，像一块真正的冰。她不是一个能引起激情的姑娘。她很听话、很害羞，是一个忧心忡忡的姑娘，笃信伊塔蒂圣母。演完戏，我邀请她去我家。我常常对她说：‘亲爱的，演完戏就来我家睡吧。深夜三点钟回你自己家有危险。’我临时给她搭了张床。她吃得很少。我想她从来吃得不多。当她的黑面包成了一种回忆时，她又没有时间吃饭了。她生活中唯一的爱就是她哥哥胡安，一个很可爱的家伙。”

在所有这些磨难之中，她每天都要去皮拉尔教堂寻求一会儿的安宁。那是布宜诺斯艾利斯最古老、最漂亮的教堂，它那典型的殖民地氛围令她着迷。阿尔坎塔拉的圣彼得木雕神像，脸和身体都显得清瘦，上面有一段铭文："啊！快乐的苦修，给我带来如此多荣耀！"这座神像促使她思考自己的生活，唤醒她青年时代的向往。

受尽屈辱、被粗暴地拒绝、遭受男性侵扰、疯狂地期盼和在二三流戏院里卑贱地奔走的五年。失望伴随着希望，因为爱娃是蹩脚演员。她同时具有下述缺点：发音不准，对语言的掌握不够，性情冷漠，缺乏台风。她人太文静，既没有表现出演喜剧的天赋，也没有表现出演悲剧的天赋。她平平淡淡、普普通通，始终没有找到任何保护人。她没有钱，只能做一些小事情，1937 年在贝尔格拉诺电台工作，无论什么活儿都接受，还得继续忍饥挨饿。谁也不知道她是否受到诱惑，想去当妓女或者去博卡小区一家下流酒吧工作。人们知道，她的感情生活是在十五岁时与阿古斯丁·马加尔迪开始的。当演员这个职业，给予这个身材苗条、目光热烈、肤色亮丽、褐色头发呈挑逗波浪的姑娘许多艳遇的机会。真是这样吗？人们都说是与有钱人。这方面的流言蜚语闹得满城风雨。一位名叫卡尔拉姆·圣地亚哥的记者当时写道："爱娃是一个放荡的姑娘。这个国家有多少男人她就认识多少。""她可能委身于一些男人，"这位记者又说，"她父亲的回忆……可能还因为经历了这么多困苦，她无法再爱。这是可能发生的……"

在《乡巴佬，更多乡巴佬》这出戏里，爱娃作为钢琴演奏者排在海报下方。这个标题显示出这部作品的文学品位。在《天真无邪的孩子们》里，她扮演一个纯朴的女中学生，只在第一场出现过。这出戏描写一些富家女孩子在美国读寄宿学校的情形。爱娃在排练时引起了伙伴们的嘲笑，因为她穿着一双质量低劣的拖鞋和一双棉纱长袜。她假装什么也没注意到。不过到演出时，她的穿着无可挑剔。《罗丽塔》那出戏的海报里根本没有提到她，因为从头到尾她只担任一个跑龙套的哑角。《相思病》演了两个礼拜后失败了。在这出戏里，爱娃参加了一些群众场面，只有一句台词："不！不！够了！你这个疯子，你让我摔下去了！"在《如果老年人昂起头》这出戏里，她扮演一个乡下女仆、单身母亲，哼着探戈曲哄她的宝宝入眠。爱娃·庇隆基金会的档案明确地告诉我们，1936年5月，爱娃在佩比塔·穆诺兹、约瑟·佛朗哥和埃洛瓦·阿尔发罗的剧团里找到了工作。十七岁的她，跟着这个新剧团在国内巡回演出。她并不是连续地参加不同戏的演出，而且所担任的角色都是哑角。她演得成功的片段是在下面这些作品里：《这可不像我岳父》《天真无邪的孩子们》《会死的莽汉》《贵妇》和《绅士与小偷》。对于这位初入道的女孩子来讲，生活仍然艰难。可怜的一点薪水要在不计酬劳的排练结束后才能拿到，演员们还得自备戏装。在这个圈子里，你要想获得成功，初夜权是免不了的，但爱娃没有那么随和的名声。

不过1937年的情况要好一些。在为《藏宝洞》一出戏选拔一个角色而举行的考试中，女演员佩叶丽娜·迪勒西注意到了她，让她参加庇兰德罗的《殖民地新闻》的演出。她们之间建立了友谊，佩叶丽娜常常临时搭张床，留她过夜，而且促使她与广告社接触。机会终于来了，导演查斯·德·克鲁兹让她参加影片《二等郊区》的演出。这是她头一回在电影里扮演角色。这一年，爱娃进入贝尔格拉诺电台，参加无线电广播剧团的演出。年底，她加入了莱昂诺尔·里纳尔迪和弗朗西斯科·齐亚梅洛剧团。

这些年间与爱娃交往的人都说她温顺，例如佩叶丽娜·迪勒西就说她"很听话，显得腼腆"。另一个人说她"和善，谦虚，可怜"。剧院的一位领班弗朗西斯科·洛佩兹说她“胆小，乐于助人，十分谨慎”。男演员佩德罗·瓜图克西则说她“不烦人”。没有人估计到这个年轻的乡下姑娘的潜力，她虽然缺乏才能，却雄心勃勃。受到出身的复杂因素影响而意识到自己的局限性，这个姑娘竭力赢得首都的人们的好感。她可爱而不轻信，热心助人而不卑躬屈膝，寻求可以帮助她忍受孤独的同情。她对好几个人表现得特别友好、忠诚，因而成了他们的朋友。男人总是有兴趣帮助她。

爱娃不喜欢倾诉衷肠，对自己半明半暗的女演员私生活始终守口如瓶。但是对首饰、浮华之物、炫人眼目的东西，如玫瑰、宝石、法国高级时装等，她已经显示出过分的兴趣。可是，她用什么为自己弄到这些东西呢？她经常穿鲜艳的蓝色或红色衣服，两腿修长、胸部扁平，面部的表情不是偶尔容光焕发就是目光暗淡、忧郁、伤感。她不抽烟、不喝酒，饭也吃得少。这个耽于幻想的天主教女信徒有一股顽强的劲头，需要的时候就祈求神灵保佑，终于使报刊报道了她的演出。她的朋友也开始多了起来。她经常在粗俗的广播连续剧里扮演懒洋洋的小姐。

后来提到这段岁月时，爱娃简单地称之为“我的演员生涯”。她并不试图否认自己当女演员的过去，但绝不愿多谈。成为电台的明星之后，有关她的生活，她向采访记者提供的是非常空洞、往往非常矛盾的情况。她说她先在喜剧院演戏，后来才进入国家电台；或者说她先是受聘于普里耶托电台，后来才受聘于阿根廷电台，是黎塞奥给了她登台演出的头一次机会。她忘记了或者不愿意回忆那段困难时期。那时她捡一个又一个小角色来演，同时为广告当模特儿，为的是增加一点收入。

《预告》杂志的编辑说她爱上了该刊物的经理埃米利奥·卡图罗

维茨，“每天等他十二个小时，坐在候见室的一把扶手椅里，一边等一边修指甲。她很有个性，精力充沛，激烈粗暴，受到非凡的活动能力的激励，但因身处大都市而无精打采。她需要生活，可是她的个性促使她不会去做一个平庸的人。”要求过高，情场失意。爱娃自由不羁，没有成见，但是她根本不是妓女①。

她是靠电台成名的。是布宜诺斯艾利斯的一家私人广播站即贝尔格拉诺电台给她提供了机会。电台老板介姆·杨克勒维奇需要新的工作人员，尤其正在寻找一个性格和声音都会给人深刻印象的年轻女性。爱娃通过一位有影响的朋友了解到这一点，便去应聘。她去应试时，杨克勒维奇非常喜欢她，当场就聘用了她。她得到相当于十五欧元的月薪——刚够糊口。不过，这她并不怎么在乎，因为这个工作终于符合她的抱负了。开始她什么都乐于做：在片段故事里扮演小角色，讲述轶闻趣事，播报为数不多的简明新闻。不久，1939 年 4 月份，她就被晋升为主教冠电台整个“麦仙翁”广播戏剧的明星。她的朋友埃克托·佩德罗·布隆贝格让她参与其他一些广播节目，其中《80 年的茉莉花》和《自家的玫瑰》是根据阿根廷的历史改编的，而《海盗之星》则是出自一部小说。她的另一个熟人奥勒加里奥·费南多让她在电影《正直人的职责》里扮演一个纯朴少女的角色。这部影片于 1940 年 5 月 30 日在布宜诺斯艾利斯阿斯托尔影院首映。企业家罗伯托·劳罗为喜剧《舒伯特的恋情》提供赞助。爱娃在这部影片里担任了一个角色。她还参与了下面几部影片的演出：与喜剧演员路易·桑德利尼演《村子里最不幸的人》，与查斯·德·克鲁兹演有关拳击的影片《摆脱二流》。爱娃毫不犹豫地接受人家叫她演的任何角色。不过，她

---

① 一位女友指出：“爱娃在男人们身边不走运，她使他们感到厌倦。她爱缠住人不放。其他一些姑娘去三角洲度周末，她一直追到那里。”

最擅长的是在电台的麦克风前表演。

她很快意识到只有在麦克风前她才能怡然自得。她竭力抓住听众。久而久之，她控制住了自己刺耳的嗓音，使它变得柔和动听。当她播出一个情感故事时，她让自己成为故事里的女主人公，使故事变得更加生动、更加感人。她演戏的时候使观众不耐烦，而在广播的时候则令听众着迷。广播站站长明白她的价值，把她的活动范围扩大到了访谈和更个性化的漫谈。爱娃非常适应，所以不久就在站里开辟了她自己的节目。每天晚上，她用几分钟时间播出一天的闲谈。她继续连播情感故事，而且一天比一天成功。所有转播由两个家用产品提供赞助。这两个家用产品是：根牌香皂和科西内罗食用油。爱娃非常客观地向她的一位演员同事承认：她演戏相当糟糕，演电影不算太坏，搞广播则非常出色。

但是她艺术上的要求是有限的。爱娃·杜阿特考虑的只是薪水。现在的薪水可以让她既寄钱给母亲，又在布宜诺斯艾利斯租一套房子了。这套房子当然算不上豪华，但比住旅馆或三等寄宿公寓的客房要好得多。爱娃也可以帮助能力不强的胡安·拉蒙了。她这位哥哥在邮局的储蓄处工作不卖力气，却非法地把一小笔钱据为己有，需要偿还。但是爱娃不受任何蒙骗，她后来写道："我的艺术生涯很快就使我面临了新的现实。我不再看到日常的种种小的公正，而发现并随后面对了种种大的不公正，不仅在表现这些大的不公正的艺术虚构之中，而且也在我的新生活的现实之中。我真希望看不到，真希望不明白自己身边的不幸和苦难。可是，我越是试图忘却它们，种种不公正就越是显而易见。损害着我们祖国的社会不公正的证据，随时随地从四面八方不断地袭扰着我，渐渐地使我义愤填膺。"

爱娃将满腔热情投入到电台的工作中。她专门搞广播连续剧。这些剧表演的都是一些萎靡不振的小姐，面对性命攸关的危险，受到恶棍追杀，到最后一分钟才被勇猛的英雄搭救。《进退两难的未婚妻》《厄运》《海誓山盟》《狼口和你心里萌生的爱情》等，都属于这类天真的、大众化的广播剧，是提供给不怎么苛求的女性听众的。这套节目当天播出，这个声音为家庭主妇们日常的家务带进一点幻想。正是这个声音后来发表政治演说，其声调是成千上万已经听从她的召唤的妇女所熟悉的。

这个时期，她住在波萨达斯街的一套公寓里。这是一条铺石头的小街，十分阴凉，隐藏在漂亮的阿尔维亚尔林荫大道后边。由于住得舒适，用餐也更规律，爱娃的身体更健康了，从科尔多巴山地度假归来，胖得像生了第一个小娃娃的少妇。她穿着得太年轻，下不了决心放弃几年前对她更适合的廉价饰物和一些小玩意儿。她已经二十岁了，但怀着哀婉的遗憾缅怀着她从来没有享受过的童年。胡宁那个文静的小姑娘，变成了一个爱说话、为了一点小事就动感情且更多的是发火的年轻女人。在这个年龄没有任何东西来搅扰她，除了她的活力和暗中所抱的强烈的雄心壮志。

根据爱娃·庇隆基金会的档案记载，1941 年 6 月，她在她所签署的最重要的一份合同下方签上了自己的名字。她受聘独家演播所有广播连续剧，为期五年。这套节目是由生产根牌香皂的格勒诺公司赞助的。她哥哥充当了中间人，尽管他在该公司的职务并不怎么明确。

从 1940 年到 1943 年，爱娃慢慢地、逐渐地在广播和戏剧界站稳了脚跟。谈不上轰动一时地走红，只不过不断签订一些小合同，确保她过上相对宽裕的生活。在电影方面则扮演一些不为批评界关注的次要角色。由于属于演艺圈子，属于这个由艺术家和演员、记者和商人、广告商和一路货色的其他人组成的这个鱼龙混杂的圈子，从此爱娃过上了放荡的、充满轻浮艳遇的夜生活。

1943年底，爱娃开始在贝尔格拉诺电台演播广播剧系列，这是对她的职业生涯和未来人生划时代的事件。一位学政治学的大学生弗朗西斯科·穆诺兹·阿斯皮里根据模糊而真实的历史背景，编纂人物对话和轶闻趣事，写成一本一本的小册子，包括《历史上的巾帼英雄》以及名女人的小说化、传奇式的传记。这个系列是专为渴求简单激情的听众演播的。在长达一年多的时间里，每晚两个钟头，爱娃摆脱了自己低微的地位，变成公主、王后、皇后，满腔激情地扮演着这些角色。她寄给一家杂志的一封信，披露了她受到这些幻想的人物多么深刻的影响："我应该告诉你，我几乎像一个孩子，体验、幻想着这里面的每一个角色。他们奇特的、如梦如幻的命运，真的让我热泪盈眶。我多愁善感又很浪漫，任何激情都会令我心潮澎湃。我体验自己的作品，因为我是以对一部美好作品的强烈感受在体验着人生。正因为如此，我的那些女主人公永远是现实的生动写照……"作为女演员的真正幸福，她是从每天下午五点开始在无线电波上演播的历史人物身上感受到的。她的同事们回忆说，对某些词的发音使她遇到过一些困难。

在这个灰姑娘式的故事里，有一些走调的地方，爱娃在1943年2月失踪了。她为什么失踪了？看上去好运气正在向她微笑，她却抛弃了舞台，不遵守合同，撂下了未完成的计划。那些可能了解底细的人，都绝对守口如瓶，人们长久地琢磨着她消失的原因：莫非长时间生病，外出旅行，或者仅仅是这位女演员一个简单的决定。幸好有国家档案材料，我们可以还原整个故事。1937年，爱娃遭到两个贵族强奸。自从这个悲剧性的遭遇发生后，阴道一直不停地出血，又没有钱请一位专家医治，爱娃只好去看街区的一位妇科医生，向他讲述了自己所遭到的强暴。医生看出她有强烈的阴道痉挛，使得任何插入都不可能，除非强行插入，那会造成不堪忍受的疼痛。医生还注意到子宫口有炎症。医生不愿写出诊断意见，而且以笨拙的语言对病人谈到不育症和严重的疾病。爱娃离开了诊室，相信自己永远不能生孩子了，可能还患上了癌症。

1943 年 2 月份，这位女演员以爱娃·玛丽亚·伊巴尔古伦的名字进入了奥塔曼迪·米罗力的诊所。阴道出血、小腹疼痛、一阵阵发烧及小腿严重浮肿，迫使她不得不就诊于一位专家。这位妇科医生只能做一次刮除。由于反复失血，不得不输好几次血，而且需要全休好几个星期。

在一阵喧闹的广告之后，爱娃于 1943 年 8 月底重新出现在舞台上。一家名为《触角》的专业周刊，以这样的语言向她表示敬意："年轻、漂亮、讨人喜欢的爱娃·杜阿特，离开麦克风一段时间后，在玫瑰和香料的金色季节到达我们国家时，重新开始了她的活动。"三家日报发表了她的照片，报道她 8 月 3 日加入了阿根廷广播协会，为的是维护广播艺术家们的工会权益。这是爱娃·杜阿特头一回与劳工组织接触。

回到电台之后，她重新开始演播她的历史小说连续剧。这个系列从 1943 年 9 月份持续演播到了 1944 年 11 月 9 日。在此期间，爱娃的人生发生了异乎寻常的突变，就连最丰富的想象力也想象不到。1944 年 1 月 22 日她与自己的命运在月光公园体育场有约。这一天，爱娃·杜阿特认识了阿根廷军队的一位上校，一个名叫胡安·多曼戈·庇隆的人。从这一刻起，爱娃转入了高速度，明白她的命运就是要与这个男人结合。历史的列车只经过一次……

第三章
庇隆登场

阿根廷的历史有一个关键时段：20世纪30年代。在此之前，它是根据法国革命的神圣原则于1810年建立的一个自由国家；在此之后，尽管军队没有夺得绝对权力，但阿根廷不得不接受一支民族主义的军事力量的存在。正如大学教授彼埃尔·里亚多所指出的[①]，从1929年开始，经济危机就打击了过分依赖出口的阿根廷。由于财政制度是建立在进口税的基础之上，国家尤其容易陷入贫困。1930年9月份，一次军事政变推翻了希波里托·易利戈严，把约瑟·费力克斯·于利布吕扶上了权力宝座，结束了1912年开始的民主试验。

1930年的革命导致了一种受法西斯主义影响的行会主义制度，但是这场革命在1932年就把奥古斯丁·佩德罗·朱斯托将军扶上台，而这位将军懂得依靠保守派和少数激进人士进行统治，保持着共和制的外表。大地主们的利益得到保护，农业得以恢复并促进了出口。于

① 见《1870年到今天的拉丁美洲》，马松出版社，1980年。——原注

1938 年接替奥古斯丁·佩德罗·朱斯托将军的罗伯托·马里奥·奥尔蒂兹博士，似乎不顾保守派的反对，准备回归民主。他允许激进派重新取得了对布宜诺斯艾利斯省的控制。他于 1942 年去世，把政权留给了保守派法学家拉蒙·S·卡斯蒂约。1943 年6 月4 日，拉蒙·卡斯蒂约的军事部长佩德罗·帕布罗·拉米雷兹将军和马约兵营司令阿尔图罗·劳宋将军，宣布支持恢复民主，推翻了现政权。佩德罗·帕布罗·拉米雷兹建立了强硬的独裁政权。

1930 年，庇隆上尉是专门负责组织政变的那个部队的成员。1943 年成为上校之后，他便与佩德罗·拉米雷兹、阿尔图罗·劳宋将军和埃德米罗·法莱尔结为盟友。联合军官集团的军官们当然都跟随他们的首领。1943 年6 月4 日拂晓，在劳宋将军的指挥下，一个营的士兵离开了马约兵营，奔向玫瑰宫。卡斯蒂约总统几小时前就得到警报，租了一艘驱逐舰，在部队到达马约要塞之前，就放弃了权力，驶往乌拉圭。爱娃在贝尔格拉诺电台听说发生了政变。她军队里的朋友告诉了她幕后发生的事情。她知道是胡安·多曼戈·庇隆上校策划了一切。当她终于认识这位上校时，军官们已经把他视为政治上和军事上都前程无量的人。相反在布宜诺斯艾利斯，老百姓知道他的名字时间还不长，只是模模糊糊地把他与名声很坏的联合军人集团联系起来。这个军人精英联盟被认为是政府的幕后掌权者。

实际上，谈到当初爱娃与胡安·庇隆的相会，应该着重指出邮电局总经理安贝尔上校所起的作用。接近他们的人会注意到：爱娃·杜阿特是五层楼的王后。怎能不如此呢，既然她是总经理的情妇？她来来往往都开着一辆官方的汽车。从此，在所有广播剧节目里都有她的位置。然而，安贝尔上校的前情妇多丽塔·纳尔比想让爱娃和庇隆会面。萨丽塔·罗姆洛的证言说：“庇隆需要有一位女朋友。有人要求多丽塔·纳尔比组织一次女演员的晚会，把她们介绍给庇隆。是一家广告社的老板迪亚兹协调好了一切。最初考虑的是朱丽·莫雷诺。她很有名，可是太自命不凡。后来迪亚兹见到爱娃，觉得她比朱丽纯朴、妩媚。他作了介绍，事情就成了。”

在这对情侣后来讲述的那次著名的“一见钟情”之前，胡安·庇隆是否就认识了爱娃·杜阿特呢？有这种可能。正式会面是在悲惨的背景下进行的。1944 年 1 月 22 日，一次地震摧毁了智利边境附近的城市圣胡安。劳动和社会测算国务秘书、阿根廷军队的上校、时年 49 岁的胡安·多曼戈·庇隆把积极分子和志愿者集中起来。爱娃以演员们的名义，参加布宜诺斯艾利斯市月光公园的一次义演以表示支援。1944 年 1 月 22 日，赈灾义演达到高潮。台上与演员们坐在一起的那个男人便是庇隆，俯视着台下的群众。“他高大魁梧，肩宽背阔，脸上露出灿烂的笑容——庇隆笑容。他将在任何情况下继续露出这种笑容，仿佛按一下开关就把它点亮了似的。这种笑容给人一种幻觉，似乎他的心胸要比其他人的心胸开阔上千倍，那样开阔、那样博大，使那张和善、热烈、粗犷、阳刚的脸从上到下豁然开朗。”阿力西亚·杜若夫纳·奥尔蒂兹如是说，“他讲了几句话，谈到劳动者的疾苦和不少权势者的优裕生活。”穷人反对富人，穷人遭受富人宰割……群众热烈地叫喊。爱娃·杜阿特找到了她的英雄。

她的心跳得都要裂开了。爱情，为什么不呢？关于庇隆，她只知道他有一双狡黠、聪明的小眼睛，向后梳的头发，绽开的笑容露出不整齐的牙齿，鼻子笔直，身体结实矫健，非常健康，一米七十八的个头，体重八十五公斤，整个人充满阳刚之气，仪表堂堂。他爱好击剑和马术。这是一位令人生畏的首领，但容易接近，性情快活，有良好教养。他为爽直的性格所吸引，为德国元首希特勒所倾倒，对意大利领袖墨索里尼有深刻印象，1939 年在欧洲曾长时间会见过墨索里尼，深入研究了他的理论和宣传的艺术。况且，从 1941 年起，阿根廷成了纳粹主义的活动基地。令爱娃着迷的是一位出色的演说家，是他那表面谦逊、巧妙节制的演说效果和已经非常丰富的人生经历。爱娃被俘获了。她是与邮政局总经理安贝尔一起来的，却是与庇隆一起离开的。

关于这次相会，庇隆本人的说法是这样的："我是在 1944 年 1 月份圣胡安发生地震之后认识爱娃的。作为劳动和社会测算部国务秘书，我努力动员了许多人来支援这座死了八千人的城市……艺人们表现出了极大的热情，但只剩下一小部分人来组织工作，在这批最热情的人之中就有爱娃。她的机智和同情心，立刻引起了我的注意……地震这件事结束后，我问她：'你干什么工作?'她回答：'我在杨凯勒维奇电台工作。在那里我与一帮酒鬼在一起。'她一再对我说：'我们不是艺人，我们是酒鬼。'我觉得她很有用，便分配给她工作。她接受了，而没要求任何回报，既没要求工资，也没要求好处。在她小小的办公室里，她从一开始就显示出是一个非凡的人，包括在与我合作的男人们之中。我们开始变得很亲密、很团结。"

爱娃的说法则更富诗意："几乎我们所有人，一生中都有美妙的一天。对我而言，就是我的人生与庇隆的人生相遇合的那一天……在这之前，我甘心过一种平庸而单调的生活，这种生活使我觉得枯燥无味，但不可避免。我看不到摆脱这种生活的任何可能性。再说，我的生活虽然单调，却非常忙碌，没有一点闲暇。然而在心底里，我并不甘心一切最终都是这样。我美妙的一天终于来到了……从我隐约感到不安的期盼中，我看见庇隆出现了。他当然与所有人不同……我站到了他一边。他听到我讲话时可能注意到了我，当时我尽量说得明确：'如果像你声称的一样，人民的事业就是你的事业，那么我就站在你一边，不管要作出多么大的牺牲，直至耗尽我的全部精力。’他接受了我的表示。”

这两种说法是在月光公园那次会面以后很久写的。爱娃和庇隆当时是否想到了，从此他们的人生将永远结合在一起？他们各自所追求的，是否仅仅是一次普通的、不会有结果的幽会？“我认识爱娃时，吸引我的不是一个美丽的女人，而是一个善良的女人。”二十年后庇隆回忆道，“的确，她是一个既美丽又善良的女人。我本能地意识到，为了计划中的社会事业，与一个这样素质的女人的合作不可多得。从第一刻起，我就知道我面前是一个不寻常的女人。我必须让这个女人准备好，使她成为我的政治运动的女性领袖：一个有能力和足够的文化基础，有天赋的直觉和献身精神，有必要的感情去完成这种性质的任务的女人。”

人们对他们之间的秘密联系猜测纷纭。存在于他们之间的联系，后来可能因为彼此相辅而行、不离不弃而得到加强的这种联系，事实上是建立在两个人都经历过相似的苦难童年这种基础之上。两个人都出生于平民百姓暗无天日的苦难之中，两个人都来自从社会地位和经济角度来说都朝不保夕的阶层，两个人可能都为他们的父母遭受的社会不平等而深感痛苦。他们是在相似的环境下成长起来的，虽然从某些方面讲性格不甚协调，但都显示出同样的抱负，在经历了多年的屈辱之后，都渴望有一个更美好的未来。使他们相互接近的，并不是人民的事业，而是他们自己的事业，是使他们百年好合的迫切需要。

这位怀着梦想的上校究竟是一个什么样的人呢？胡安·多曼戈·庇隆于 1895 年 10 月 8 日出生在布宜诺斯艾利斯南部的小城洛沃斯，比爱娃·杜阿特早出生了二十四年。他的父亲马里奥在法院担任一个低微的职务，他的母亲堂娜·胡安娜是一个奇尼塔（印第安血统的农妇）。在胡安·多曼戈五岁那年，他的父母把他带到了阿根廷南部丘布特地区一个偏僻的地方。有关胡安·多曼戈上学的资料是矛盾的。他是一个模范学生还是一个很一般的学生？不管怎样，他在军事学校得到很好的评语。他十六岁就进了军校，因为他具备成为一名普鲁士式军官的一切必要的素质：他高大、英俊、强健、开朗，准备接受一切强加的思想和理想。庇隆1915年通过毕业考试。穿上少尉军服，他颇具魅力。胡安·庇隆是在希波利托·易利戈严的第一个总统任期内开始自己的军人生涯的。第一次世界大战末在首都爆发罢工和暴乱期间，他经受住了考验。是庇隆的声音指挥部队向罢工者射击。在易利戈严和阿尔维亚尔担任总统期间，胡安·庇隆悄悄地在军队里升迁。他勤勉而雄心勃勃，但不引人注目，善于更好地利用别人获得的知识，并用自己的知识加以丰富。他写了大量关于军事技术的小册子。1928年成为上尉之后，他娶了欧莱丽亚·蒂宗为妻。她绰号叫“波托塔”，是小学教员。可是，夫妇俩没有生孩子，少妇于1938年去世了。

在第一次婚姻的十年间，胡安·庇隆只在政治舞台上露过一次面：那是尤里布鲁将军向玫瑰宫进军去废黜年老的易利戈严的时候，庇隆率领他的一个连队，在相邻的一条街上警戒。而后来（真具有讽刺意味）他自己不得不将这条街改了名字，用易利戈严总统夫人的名字为之命名。可能正是这次和平显示力量的机会，胡安·庇隆头一回引起了他的上司们的注意。随后大约在1930年，他当上了中校，被派到阿根廷驻智利使馆任武官。智利政府指控他搞间谍活动，要求阿政府把他召回，并监禁了两个与他有牵连的智利人。

1939年，他被派往欧洲，所负使命是研究现代山地作战。鉴于阿根廷军队与德国的关系，庇隆当然去了各轴心国。他像他的上司们一样，深信德国一定会胜利。在意大利逗留期间，他对墨索里尼的态度与其说是一位职业军人对一位深孚众望的领袖的诚挚仰慕，还不如说是一位江湖艺人对一位暂时比自己成功的同行掺杂着嫉妒的赞赏。后来，他声称墨索里尼错就错在表现得不够无情，他庇隆绝不想犯同样的错误。不管怎样，这次逗留使他受益匪浅，就像未来所证明的那样。别人的软弱、贪婪和错误，一如他自己的远见和策略，给胡安·庇隆提供了成功的可能。

不久，庇隆与不是在军事上而是在政治上对将军们的行为越来越不满的一些年轻军官，成立了一个秘密会社：GOU（联合军官集团）。靠了他的欧洲之行所获得的声望和他对集权方法的深刻了解，庇隆毫无困难地在GOU这个组织里扮演了最重要的角色，成了这个组织的阴谋活动的中心。不久，全军几乎所有军官都不得不加入了这个组织，总共三千六百名军官中拒不加入的只有三百名，其中有几名辞了职。据说，GOU掌握所有军官签了名但没写日期的辞职书。这种讹诈手段不管是不是掌握在庇隆手里，显然任何军官如果不盲目服从GOU即庇隆的命令，就休想获得晋升。

在1943年的政变中，庇隆的名字没有出现，即使他在幕后牵线。拉米雷兹将军组阁时，任命了法莱尔上校为军事部长。法莱尔和庇隆在GOU内部工作关系密切。法莱尔则最终任命自己的朋友庇隆在军事部秘书处任职。无论是法莱尔还是拉米雷兹将军，都无法揣测透这个对他们很有用的人隐藏在笑脸后面的想法，庇隆丝毫不会流露出自己的野心。胡安·庇隆可以像一个孩子捏橡皮泥一样轻易地塑造这两个人。但是，庇隆并不急躁，相反，他过于谨小慎微，以致有可能使他后来遭到失败，如果不是他的伴侣凭借自己的胆量和活力拯救了他的话。他敏锐地判定，以他可以指望的个人忠实为基础的GOU的支持，不足以保障他的安全。他利用在意大利所学到的知识，设法在全国劳动组织秘书处得到一个职位。劳动组织在阿根廷的寿命非常短，在第一次世界大战之后，人们几乎都不知道它还有充当政治工具的可能性。因此，拉米雷兹将军高兴地把自己视为苦差事的职位给了这位殷勤的上校。庇隆是懂得任何政权都不可能无限地把军队作为仅有靠山的唯一的军人。几个月后，拉米雷兹宣布他的政府不再是临时政府，法莱尔被任命为副总统兼军事部长，同时特别设立了劳动和公共卫生秘书处，由庇隆上校领导。

我们可以清楚地看出，在这个野心勃勃的轨迹中，一个同样野心勃勃的漂亮女人可能占有的位置。爱娃和胡安之间已经发展为爱情。从1944年2月3日《皇后哭泣》首播的时候开始，这对情人就不再躲躲藏藏，就像广告照片所显示的那样，在贝尔格拉诺电台的麦克风前，劳动和公共卫生秘书就坐在女演播员身旁。两个星期之后，《触角》周刊披露，"爱娃·杜阿特准备乘坐游艇周游世界，就像她一直梦想的那样。"这条消息纯粹是由一位记者编造的。可是这位记者没有想到的是，爱娃·杜阿特真的要去完成这样一次漫长的海上旅行，只不过是出于完全不同的考虑。

庇隆挺干脆，抛弃了与他共同生活并一块住在阿雷纳莱斯街一套公寓里的情妇，搬到波萨达斯街1567号，作为爱娃的邻居，在同一层住下来。不久，庇隆就兼任了三个关键职务：劳动和测算部总书记、军事部长和共和国副总统，因而成了阿根廷最有权势的人物。每天早上，爱娃就在贝尔格拉诺电台的《奔向更美好的未来》节目中，为她的庇隆进行宣传。她对全国的妇女发表谈话，以庇隆的名义坚决向她们许诺她们的生活条件将会得到改善。下午，她继续演播侦探小说和科幻小说连播节目，夜里则继续播送成功的名人传记节目。她成了"广播电台小姐"，但她并没有忘记阿根廷广播电台协会主席的任务、对她即将要担任的角色的研究及认真地给她著名的情人以帮助。

作为一种不知疲倦的公关，她千方百计颂扬胡安·庇隆，以至到了令人恶心的程度。她塑造出一个男人，与其野心相像，但与真实的人物不一定有多少相似之处。不过，这没关系，主要的是老百姓相信。老百姓信赖庇隆，也就会信赖她，而庇隆就会爱她、为她喝彩，她就是情妇、妻子、姐妹，是千百万男人和女人的王后。因此是她，而不是其他什么人，行将把庇隆推上权力宝座，给他提供政治思想，为他的演说出谋划策。她摆弄这个男人，犹如摆弄阿根廷棋盘上的一个卒子。到1944年，他们几乎双双成名了，因为布宜诺斯艾利斯是世界上最大的流言都会之一，与巴黎、伦敦难分伯仲。在这座城市里，声音的速度似乎超过光的速度，在1940年前后，关于庇隆和爱娃·杜阿特之间的关系至少是不遵守习俗的性质，人们嚼舌头真可谓嚼得津津有味。

阿根廷最著名的导演之一雷奥波尔多·托莱·尼尔松甚至说："庇隆对她的态度，根本不是人们预料中像他这种地位的一个男人对待像爱娃这样一个女人的态度。一个阿根廷男人允许自己的妻子公开地抛头露面，是极为罕见的。爱娃既不是他的妻子，也没有'正式'情妇的身份。她只是一个小小的女演员，类似阿根廷大男子主义者们养在笼子里的小鸟，住在距圣菲林荫大道不远的一套小小的公寓里。在圣菲林荫大道，住房更大也更贵，因为那是一条时髦的大街。按照所有人一致接受的游戏规则，不能把这类女人带进首都高雅的餐馆，那里只能带'合法妻子'进去。绝不能胳膊上挎着一个像爱娃·杜阿特这样身份低微的女人，去广场宾馆高雅的烧烤店、很时髦的阿尔维亚尔豪华餐厅，甚至不能去茅屋酒吧。没有人会冒失地带着这样一个女人去阿贵拉或格朗·莱克斯咖啡馆。相反，如果她的男伙伴带她去的地方，只会遇见他的男性同事，而后者胳膊上也挎着或膝头上坐着一个小女朋友，那就没有任何风险，对她完全适合。更适合的，是所去的地方根本没有小女朋友，你的同事们就会羡慕你新征服的人儿，狡黠地用胳膊肘碰碰你。这毫无疑问会提高你的威望。布宜诺斯艾利斯的男人对同事们所征服的女人比对自己征服的女人更关注。”

庇隆当然知道这些游戏规则，可是他选择干脆不按这些规则行事，而宁可按自己的规则行事。他无论去哪里，都让爱娃形影相随。有人来谈政治、军事和社会事务，爱娃总在场。她当然默不作声，但一定在场。在胡安·庇隆担任总统之前以及与爱娃·杜阿特结婚之前的那段日子，美国驻阿根廷大使诺尔曼·阿穆尔就这样被邀请到庇隆的公寓里，不拘形式地谈改善美阿关系的问题。这位大使讲述了他们的私下谈话是怎样进行的：“会见持续了相当长的时间，当我们的谈话要结束时，我听见背后有响声，回头一看只见爱娃·庇隆站在窗帘后面,我不禁目瞪口呆。‘我不同意你们的意见。’她笑着说。她显然从谈话一开始就一直站在那里。当有人向庇隆提起这个细节时，他说：‘爱娃·庇隆是一个很严肃的女人，但也喜欢寻开心。这个细节就是她的幽默感的一个例子。’”

可是，那个时期形势严峻。德国在所有战线上都吃败仗，庇隆按照爱娃的建议，与各工会组织接触。瞧，他从亲纳粹变成了亲工人。他通过爱娃向总工会送秋波，但目的只是为了更好地吃掉这个组织。总工会将只剩下非共产党的部分，与其他工会组织联合，成为庇隆政策的投枪。有人指责他关心“无衫汉”，他立刻接过这个口号，从此成为这些“无衫汉”的捍卫者，这些穷光蛋的首领……总算有一次，这是他自己的想法。穷光蛋，这是一个从他脑海里闪现的词，一个能使人类的面团发酵的操弄语。庇隆像一只秃鹰立刻扑向这个词。既然人家指责他关心他们，而这却成了他的光荣的证据，岂不是对那些人的一种嘲笑？已经有几句话在他那分成格的头脑里展现并相互连接起来："比起那些拥有成百套西装的寡头政治家，我更喜欢你们，更喜欢你们和你们赤裸的胸膛。"

爱娃还有其他方面的抱负。电影终于向她敞开大门。这一下她在一首拥有巨额预算的浪漫曲中，成了竞技场上的女郎。爱娃是一颗政治明星，应该利用她的名气，而不要担心她的才华。才华吗，第一部影片和第二部影片一样，都无情地显示她缺乏。多亏了她的发型师的见证，人们知道她在摄影棚的平台上并不愉快："在拍摄《马戏场的马队》时我见过她。她变得与平时不一样了。她的目光流露出她受到了深深的伤害，她的声音显得专横。她不让任何人压垮自己。在政治关系的保护下，她迟迟地来到了拍摄平台上，眼睛下面带着深深的黑圈，连化妆师都无法掩饰。我们可以感觉出来，她被两种情绪撕裂着，一方面渴望以她扮演的角色引人注目，另一方面又担心令她的情人、军事部长庇隆上校失望。庇隆每周来潘帕斯电影制片厂两次，与厂长一块喝马黛茶，然后与爱娃关在她的化装室里。"她明白自己永远只是一个不成功的演员吗？看到自己演得如此糟糕，她放弃了，后来叫人毁掉了影片的底片。

爱娃非常迟疑。据她的发型师胡利奥·阿尔卡拉兹讲："拍完《马戏场的马队》，她在选择职业的志向上犹豫了几个月，对着镜子哭泣，无法作出决定。她应该待在庇隆的阴影里，像一个由情人供养的普通女人，因为直到此时庇隆还从来没有对她谈到过结婚的事，或者她应该继续从事她为之奋斗了很长时间的演员职业？现在人们很难设身处地为她着想了，因为人们忘记了，在那个时代童贞是神圣的，与一个男人生活而不结婚的女人会受到最恶意的侮辱。良家姑娘不幸和人家怀了孕，是不准堕胎的。堕胎是十恶不赦的犯罪。她们会被送到一个陌生的城市去分娩，新生的婴儿被送进孤儿院。爱娃可望得到母亲的谅解，因为母亲经受过处于社会边缘的全部苦难和蔑视。可是她知道，军队的最高司令部不会容忍军事部长与她这样一个女人的关系合法化。待在庇隆身边无异于自杀，因为迟早上头会要求庇隆摆脱她。然而，她相信广播连续剧里的奇迹。她想第二个灰姑娘是可能的，既然有过第一个。是偶然使她脱离了这种处境。在最迟疑不决的时刻，她想征求庇隆的意见，但是白搭。庇隆不肯表示意见，在她面前表现得不知所措。爱娃以为他无动于衷，其实这也许表明他相信她的眼光。”

她有人们有时强调指出的那样美吗？她那张鹅蛋形的脸生得很匀称，尽管左颧颊微微有点儿鼓凸，而且她从来不设法掩饰。她的头发柔滑（她很快染成了金黄色①），按照那时时髦的发式竖成复杂的形状。眉毛弯弯的，鼻子显得短。眼睛明亮，目光流盼，仿佛要看透交谈对象的思想。可是独处时或者觉得没有人观察自己时，她的表情就变得不一样了，神态默然，反映出一个忧伤的深渊。她的皮肤的光泽引人注目，大理石一般，有些地方显得半透明。

然而庇隆后来说：“她的身体并不令人讨厌。她是一个典型的拉丁美洲本土的瘦女人，瘦削的腿，粗短的脚踝。吸引我的不是她的外貌，而是她的善良。”庇隆口中的所谓善良，应该理解为对他和对他的事业有用。他立刻看出爱娃身上有着他所缺乏的毅力和热情。他情不自禁

① 1948年，爱娃听从了阿根廷电影黄金时代影星们的著名理发师胡利奥·阿尔卡拉兹的建议开始染头发：她设法把头发染成适合于她、能衬托出她容貌的金黄色。在第二次或第三次染发时，理发师把她的发梢烫焦了。由于她要匆匆忙忙赶去参加一家医院的开业仪式，所以她要理发师把发梢剪掉。理发师选择的解决办法是把头发向后梳，让前额显露出来，而用发夹把一个大发髻固定在脑后。正是这个偶然和匆忙产生的形象铭刻在了人们的记忆之中，仿佛所有其他形象的爱娃都是假的。——原注

地被吸引住了。她二十四岁，他四十八岁。他是个鳏夫，倾倒于墨索里尼和希特勒，迷恋于秩序、组织和军事独裁，欣赏可以任意塑造的姑娘。这是一位铁腕少妇和一位善于觉察自己利益所在的平凡上校的会合。这不是一见倾心，而是在对方身上找到了自己的命运之路的两个人闪电般的直觉。他们感觉到，仅他们两个人就能组成一个令人生畏的班底。至于他嘛，则显示出镇静和男子汉的自信。

他相当高大、结实，有运动员风度，显得很健康，走起路来有点左右摇摆，像一个刚从马背上下来的高乔汉子。天庭呈矩形，既阔且高，头发又黑又硬，向后梳着，后来为了保持年轻的样子染了色。眼睛小而狡黠，闪烁着聪慧和观察的头脑。鼻子略钩，嘴阔唇薄。牙齿整齐，不久就被一口假牙取代，对于他那一成不变的微笑，这是必不可少的。由于小时候长了顽固的、久治不愈的疹子，脸部的皮肤变得粗糙而且很敏感，总需要化妆。耳垂显眼，脖子粗短，两肩宽阔，躯干健壮。整个人颇有阳刚之美，仪表堂堂。有野心？在军事部，谁也不知道他野心勃勃。据他身边的人讲，他总是用爽朗的微笑和友好的握手接待所有来访者。自己开了玩笑，尤其是自我解嘲的玩笑，他就放声大笑。“他才华横溢，”英国诗人G·S·弗雷泽在1949年出版的《南美洲通讯》中甚至写道，“他精力充沛而且能干，不过是在某些限度内。尽管他在政治方面头脑清醒，但可以感觉到他是一位职业军人……在他的思想里，公民应该把自己的一生贡献给国家，就像士兵应该把自己的生命贡献给团队一样。他的策略是军事性的而非政治性的，即多半是分裂和击溃反对派，而不是寻求相互谅解的基础。总之，他对自由主义几乎没有好感。”

多亏了庇隆，现在爱娃的名声已经超出了军事和戏剧关系的圈子。她的照片出现在各家广播和电影杂志上，先是刊登在末页，随后便刊登在封面上，并且进一步出现在妇女报刊上了。这些伴随着答记者问的照片，提供了了解她的变化与活动的线索。起初，她摆出一副天真单纯的样子，穿着薄得透明的短上衣和女孩们穿的上半身像衬衫的连衣裙。一头浓密的黑发上部梳理成环形鬈发，下部垂落到肩上。可是，刻意追求的这种青春的效果，因为脂粉施得过多和首饰过于夺目而受到破坏。那时她还显得胖甚至粗壮，还没学会怎样让自己显得亭亭玉立。

1944 年 6 月 13 日，《触角》周刊采访了她。爱娃·杜阿特披露了什么呢？

——你主要的希望是什么？

——我希望还继续搞两三年广播，然后退休。如果世界安宁，我将进行一次长途旅行，否则就待在家里，烹调一些小菜。

——旅行和未知的东西吸引着你？

——是的，我希望做一次大的旅行，但不带着批判的思想去做。我不想成为旅游者或研究者，只想像欣赏一套明信片一样去欣赏世界。

——你在上一部电影（《马戏场的马队》）里的角色怎么样？

——我扮演了一个角色……如此而已。有一天我会在电影里扮演我想扮演的角色。再者，我想导演索尔菲西会给我机会。我有一个优点，就是善于等待。安心地，静静地等待。这是我的处世方式，是我的风格。

——你有什么兴趣，你最喜欢的演员是谁？

——我喜欢爱情故事。演员嘛，格雷尔·加尔松令我着迷，我尊重劳伦斯·奥利维埃的工作。

——你想对《触角》周刊的读者说几句话吗？

——我很愿意。我想说我一直想念着他们。至于我在广播电台方面的活动，我很高兴为根牌香皂工作，八年前它为我提供了我的头一个机会！那时没有任何人信赖我，我是一个默默无闻的女人。

——倒不是要感激，而是要公正。

——是的。有一个办法能够做到并且保持公正，就是不要忘记。我就是属于永远不会忘记的女人。

这篇报道如实地配上了在庇隆的公寓里拍的几张照片……后来，她的照片显示出，在帝国时期式的金色家具和洛可可风格的装饰中间，她穿着缎子浴袍，仍然是一头黑色的环形鬈发。她头一次把头发染淡的时间早已不准确了。她所选择的棕黄色，使她在洋溢着青春的靓丽之中，看上去像一个半上流社会的女人。在接受记者采访时，她以沉思的口气承认，她喜欢感伤的华尔兹舞曲、浪漫的电影、鲜花和书籍。据她说，她真正的职业是广播，舞台和银幕过分地侵越了她的私生活。尽管还不到公开提到上校的时候，但她还是谨慎地谈到她的“家庭生活”，表示她对未来充满信心，感觉自已准备放弃艺术生涯。她所说的“未来”确切的意思是什么，她让公众去揣测。她把自已描绘成“一个安分守已的女人，喜欢治家和家庭生活”。但她现出可爱的娇态承认她对打扮的强烈兴趣，说她可能是爱花钱的，不过她的衣柜并不太华丽，只是装满了而已。她喜欢首饰，尤其酷爱香水。她有很多香水，按自己的心情任意混合。她肯定自己的职业没有任何神秘之处，而且不带丝毫幽默地补充说，她在继续向上奔。

她的理发师阿尔卡拉兹就她为符合自己的身份而作的努力，留下了一段明确的证言：“有一次她问我在餐桌上应该保持什么样的举止，因为庇隆随时会带一些重要人物来她家里。我慢慢调教她，可以这么说。‘端碗碟要端朝外的那一面，端杯子时小指要翘起来。’我对她说。实际上，要学会文雅的举止，对她最有用的是她的本能。有人说她措辞不准确，其实她的问题不在于此。她由于缺乏自信而在交谈中用一些冷僻的字眼，却又把它们的涵义搞错了。例如我就听见过她说：‘我去看‘伦理学家’，而不是说‘我去看牙医’或‘看牙科医生’。又如说‘我的官俸’不够，而不说‘我的工资’。不过这种错谈她出得越来越少了，因为她总是用眼角观察别人的表情，而且把别人帮助她纠正的错误记在一个小本子上。”

第四章
光芒四射

1945 年在布宜诺斯艾利斯，车轮似乎转动得挺奇怪。在立宪方面不合法的军政府，就其对外政策而言，处于一种越来越不舒服的地位。“民族革命”日渐消退而让位于“社会革命”。这就决定了庇隆在反对派里越来越遭到嘲笑。

所有反庇隆力量动员他们的支持者，组织他们所谓的“立宪和自由进军”，要求自由选择，恢复合法制度。这次情绪激烈的游行在 1945 年 9 月 20 日举行。有一百五十万人在布宜诺斯艾利斯各交通要道游行示威，工会组织命令交通运输工人罢工。10 月初的那些天，事情趋于恶化。马约兵营有影响的军事首领们，尤其是阿瓦洛斯将军，向法莱尔总统施加压力。法莱尔总统作出让步，身边又聚集了一批新的将军。10 月 10 日宣布庇隆上校放弃了一切公职。他被罢免了。人们很快获悉他被捕了，被囚禁在马丁·加尔西亚小岛上位于里奥德拉普拉塔中央的军事要塞里。

在他的倒台中，爱娃的作用可以说是很坏的。对于一个出身于体面家庭的阿根廷男人，尤其对于一位军官来讲，个人尊严是最宝贵的财富。因此联合军官集团的成员们紧绷着脸，责备庇隆太过炫耀他与那个蹩脚女演员的关系。对此庇隆粗暴地回答说，感谢上帝让他具有正常的欲望，对军队的声誉而言，把他的名字与一位女演员联系在一起比与一位男演员联系在一起强①。这个回答无疑击中了他的某些批评者的要害。

庇隆倒霉之后，爱娃仍然用“你”称呼将军们，令他们感到恼火。实际上，正是军官们自己的阴谋诡计向爱娃提供了插手国家大事的机会。这些国家大事更经常地是由秘密委员会进行讨论的，而不是在参议院和众议院的会议上进行讨论。这些秘密委员会会议大部分是在波萨达斯街那套公寓里开的。爱娃与当权者们的头一回接触，并没有使她对他们产生多少敬重。为了表示自信，她接待他们时随随便便，有时不讲任何礼节，只穿一件室内便袍。在他们讨论时，她便在地板上做柔软操。

在这悲伤的时刻，爱娃说：“我没有和他一块儿蹲监狱，但是在那八天之中，我所感受到的痛苦，与同他共赴磨难一样难以忍受，甚至更难以忍受。他离开我时，要我保持冷静。我从来没有见到他那样镇定自若。一位大使朋友建议他到他的国家去避难，他用一句简单而坚决的话拒绝了，说他要在自己的人民中间面对自己的命运……我一知道他被监禁，就冲到街上，去找还可以为他做点事情的朋友。在这艰难而不停地奔走中，我心里一直燃烧着同样的圣火，它的烈焰帮助我克服我的软弱……我走遍了布宜诺斯艾利斯的所有社区……我所去的社区越穷，家家户户就越是慷慨、友好地向我敞开大门。在社会阶梯

---

① “有人责备我与一位女演员的关系，难道他们更喜欢一位男演员？”庇隆习惯地以这种幽默大声问道。——原注

的顶层，我遇到的都是冷漠、算计的头脑，都是谨小慎微、平庸卑下，想不出也做不到任何特别事情的心态，一些令我作呕的心态。他们的态度令我为他们感到羞耻。”胡安在狱中写给她的信说：

心爱的宝贝：

只有离别我们所爱的人，我们才能衡量我们的爱情。自从那一天我怀着你能想象的痛苦撂下你，我这颗悲伤的心就一直无法平静。现在我才知道我是多么爱你，知道没有你我活不下去。我无边无际的孤独充满了对你的回忆。

今天我给法莱尔写了信，要求他尽快让我退休。一旦他们同意我退休，我们就结婚，然后出发去可以平静地生活的任何地方。我从家里被带到了马西·加尔西亚，而不知道为什么，也没有人对我说明什么。我通过邮局给你写信，也把一封给梅尔康特的信捎给你。给梅尔康特的这封信，我将通过一个男孩子转交给你，因为我的信件可能被截取。你觉得法莱尔和阿瓦洛斯怎么样？两个流氓。竟然如此对待一位朋友！这就是生活。

我一到达这里，所做的头一件事情就是给你写信。不知道我的信你收到没有。我寄的是挂号信。请你对梅尔康特说，叫他告诉法莱尔让我安静，这样你我就能去丘布特生活。我也考虑有必要采取一些法律行动。你去找联邦法官加什·庞兰博士吧，他是一位很好的朋友，请他想个办法。告诉梅尔康特赶快抓紧时间和他联系，然后按照他所说的去做。在我不在你身边期间，你要保持冷静，注意身体，等待我回来。知道你没有危险而且身体好，我才放心。

在我写这封信的时候，有人来告诉我马扎今天会来看望我，这使我很高兴，因为这样我就能与你接触，哪怕只是间接的。放心吧。马扎会告诉你事情的经过。我会尝试以一种或另一种方式去布宜诺斯艾利斯。因此你可以安心地等待我并注意你自己的身体。如果我能退休，我们第二天就结婚。否则我就要以不同的方式处理事情。不过，我一定会化解这种你暂时经历的失控局面。

我的小姣，我的心肝，我卧室里有你的小幅画像，我成天热泪盈眶看这些画像。无论如何你不要有事，否则我这一辈子就完了。照顾好你自己吧，不要为我担心，不过你要非常热烈地爱我，因为我现在比任何时候都更需要你的爱。

我的宝贝，要冷静，要学会等待。这一切很快就会结束，到时候生活就属于我们了。我所做的事情会在历史面前证明我无罪，我知道时间将会还我清白。我已开始写一本关于这一切的书，并将尽快出版。那时我们就会看到真理在谁一边。我们这个时代的祸害，我们这个国家的祸害，就是这些笨蛋。你知道笨蛋比浑蛋更坏。

我的心肝，我真想整个这一天不停地写下去，不过马扎会比我更好地对你讲述一切。离船到来还有半个钟头。这封信最后一句话还是叫你要冷静，安安静静地待着。给你千百个吻。

把我的全部相思给我心爱的小奇尼塔。

庇隆

在庇隆似乎被制服了并准备去国外时，爱娃发挥了自己的全部能量，她要拯救自己的情人。如果说爱娃是一个富有激情的女人，那么正是在1945年10月这些混乱的日子里，她证明了这一点。正当庇隆焦虑不安地等待时，爱娃行动起来了。她具有出色的直觉：她的情人的命运不取决于军人之间的斗争，而取决于劳动人民的支持。数十万工人感激他，忠于他的社会改革。应该求助于他们。爱娃立刻与主要的工会干部联系。她提醒说，没有庇隆，社会行动就完蛋了。必须迅速采取行动，工人阶级显示力量的时刻到了。庇隆身陷囹圄，被捕之后他就声称对政治不再感兴趣——也就是说，他现在心里只想着爱娃。在到达海军监狱之前，他好像对押送他的军官说：

“咳，我输啦。不过说到底，这不要紧。只不过我担心一个人。我是你的囚犯，但我也像你一样是一名军官。我可以请你帮个忙吗？”

“帮什么忙，上校？”军官问道。

“给爱娃一支手枪，为了自卫或者为了自杀，如果没有其他出路了的话。同时请告诉她，我不会比她多活很长时间的……”

可是，什么也吓不倒桀骜不驯的爱娃。她夜以继日地发挥自己不可思议的能量。她施展自己的全部魅力，施展自己的全部影响，团结那些“无衫汉”。他们不推翻政府，不把庇隆重新扶上台，她就绝不会停止。各政党的头儿们与阿瓦洛斯政府无法达成一致。得不到人民的信任，政府什么也不敢做。肉商工会的头儿西皮里亚诺·莱耶斯早就认识爱娃。正是这个老百姓组织了一些班组，负责在加入了工会的工人之中“维持纪律”。当保安队动摇时，他立刻同意与它们对抗。

所有肉店的员工立刻放下工作，参加支持庇隆的示威游行。这时有成千上万的罢工者赶来。大总管爱娃事先准备了火车、旅行车和卡车，尽力接送他们。10 月 16 日，罢工者们占领了首都。面对一百万狂怒的“无衫汉”，军队和警察无能为力。百万游行大军登场的第四天，政府就垮台了。

10 月 17 日，爱娃要所有工人毫无例外地都走上街头。将近中午，可以说全国的所有工人都聚集到了马约广场。爱娃成功地鼓动“无衫汉”和工人们起来，让他们高呼：“释放庇隆！”法莱尔总统马上明白了。他趁自己手里还有权力，释放了八天以来一直被监禁的庇隆。庇隆被带到军队中心医院，马上被释放。23点10分，他和总统一起出现在玫瑰宫的阳台上。两个人满面微笑，在狂热的掌声中拥抱。然后，庇隆向群众发表讲话：“两年前我就请你们相信我。有人常常对我说，我为之牺牲了整个人生的人民有一天会背叛我。这是错误的。人民始终忠于自己的保卫者。先生们，我和你们一样是个普通公民。今天我要走到你们中间，拥抱你们中的每一个人，就像拥抱我自己的母亲一样！”

这些话也是对潘帕斯草原的高乔人，对直到火地岛之角的辽阔的巴塔哥尼亚高原的高乔人说的。胡安·庇隆上校与群众进行着一种神秘而特殊的对话，这种对话采取了在他与一大早就等待着他的群众之间动人的集体心理剧的形式。“人民和庇隆在一起！”群众高呼着，相信他们现在推倒了寡头政治集团的巴士底狱。在这个阿根廷的10月17日，胡安·庇隆成了胜利者。

爱娃确实能够赢得胜利。10月17日这一天是她的一次伟大胜利。是她成功地使庇隆从其政治对手把他投进去的监狱里被释放。是她鼓动五万工人聚集到政府宫广场。他们要庇隆，因为爱娃要他，政府不得不让步。多亏了爱娃，庇隆又掌了权。

在这决定性的一个星期里，爱娃表现出了两个主要品质：忠诚和勇敢。在克服了短暂的软弱之后，她懂得自己必须完成的只有一个任务：救出庇隆。她知道许多工人只把她视为上校的情妇，她则并不试图掩盖这种关系，相反还为之自豪。她不在警察面前让步，还痛骂他们。所挨的打激发了她的斗争精神，使之像激流般奔涌而出。她不否认她与庇隆的关系，不觉得不光彩，而是冒着危险宣扬她与庇隆的关系。这种做法的影响是决定性的，这是她光荣的时刻。

庇隆谋求的位置是总统，他没有接受新政府中的任何职位，而是把忠实于自己的人安插进去。他用心地准备总统选举。一位总统应该是结了婚的。他必须尽快地娶爱娃。获释五天之后即1945年10月22日，庇隆与爱娃·杜阿特结为夫妻。

他们结婚数年后，公证人赫尔曼·奥尔迪亚勒斯向《庇隆主义史》的编纂者们提供了这一事件的细节。据他说，婚礼确实是在胡宁举行的。“庇隆和爱娃都非常激动，”他说，“结果反而几乎显得闷闷不乐了。新郎穿着浅灰色西服，新娘穿乳白色裙套装，与她金黄色的长发形成反差。”这对新人为了使婚礼显示出谨慎甚至神秘的气氛，所以把自己打扮得不引人注目。爱娃后来在回忆录里写道：“我们进行的是一次感情的结婚。我们两个都爱好同样的事物因而彼此相爱。两个人各有各的方式，但追求的是同一个目标。他有智慧，我有心灵；他准备好了进行斗争，我懵里懵懂地准备应付一切；他受过良好教育，我没学过多少东西；他已经称得上伟大，我什么也不是；他是老师，我是学生；他是光明，我是阴影。还有，他总是满怀自信，而我呢，是对他充满信心！这就是为什么远在为人民的自由而进行的决定性战役打响之前，我们就结了婚。我们坚信，无论是胜利、挫折、荣誉还是失败，都不可能摧毁把我们结合在一起的关系。是的，我对他充满信心！”

最后12月10日在拉普拉塔教堂，爱娃·杜阿特用激动的声音按传统回答了“是的”，便使自己终生与胡安·庇隆结合在了一起。圣弗朗西斯科教堂时钟的指针刚好指向10点25分。赫尔南·贝尼特兹神甫为这对年轻的新人祝福。在场的人有新娘子的母亲胡安娜·伊巴尔古伦、姐姐布兰卡、哥哥胡安，庇隆的朋友梅尔康特上校和七名方济各会修士。爱娃·玛丽亚·杜阿特·庇隆夫人和丈夫是从一道暗门离去的。

第二天起，爱娃就重新开始了广播电台的节目①，每天在节目里颂扬她的丈夫和那些亲爱的“无衫汉”。她在舞台上是一位蹩脚的演员，在官方的讲台上却表现得十全十美。程序总是一样的：她面带不变的、令人信服的微笑，接受孩子们的花束和亲吻，接着庇隆在她前额上亲一下，群众欢声雷动。在庇隆发表新的演说之后，爱娃发表讲话，用既能迷住妇女们也能迷住男人们的声音，唱歌似的说着她最喜欢的词：“心”、“爱”、“祖国”。庇隆玩的是同一套。对他的政治宣传而言，他拥有仪容外表的一切王牌。作为一个阿根廷人，他算得上高大、粗壮，但还没有发福，是阿根廷人所称的“一个英俊的大汉”。他那副老好人的外表非常合时宜。人们说他“不傲慢”。因此他很容易与群众打成一片，与他们在露天里用猎刀切、用手抓烤牛肉吃，与他们一块喝着普通红酒（尽管他爱喝的是掺苏打水的威士忌酒），人变得更有感染力，在每个支持者背上拍一下，用行话和土话开粗俗的玩笑。他随时准备在阿根廷国旗旁边的一件挂着的脏衬衫下面，向他的“无衫汉”们发表讲话，用强烈的爱国热情感染他们，或者声音嘶哑、满面热泪地向他们表示感激，感激他们在严峻的时刻忠诚地支持了他。

1946 年 2 月 24 日，庇隆当选总统。他的党稳稳地获得了 55% 的选票。庇隆的胜利打破了所有传统的政治格局。在就职之前六天，他重新被列入现役军人，并被任命为准将。6 月 4 日他向两个议会宣誓

① 庇隆重新掌权，贝尔格拉诺电台对爱娃大为敬服。杨克勒维奇很高兴再用爱娃，把她的工资提高了一倍，至少他目前是保留了自己的经理位置。不久爱娃买下电台，仍让他留任经理，他对爱娃盲目服从。——原注

之后，就前往政府宫。穿着崭新的将军服，腰间挂着伟大的圣马丁军刀的复制品，身上佩戴着在阳光下熠熠生辉的蓝白两色绶带，爱娃的丈夫终于觉得少年壮志已酬，对自己成为的人物充满了自信。

就职仪式在玫瑰宫的白厅里举行。仪仗队头戴筒状帽，身穿法国帝国时代式样的军服，靠墙而立。庇隆鲜红的准将肩章上的金饰带闪闪发光。大厅皇红色的制服紧挨着蓝色的制服。外交官们的勋章和大绶带与神职人员紫色和金色的长袍交相辉映。新贵妇们崭新的首饰光彩夺目。卸任总统法莱尔老泪纵横，把权力徽章交给庇隆并和他拥抱。

爱娃眼睛里含着晶莹的泪水，嘴唇上露出得意的微笑，心里暗自充满激情，站在庇隆身旁。她将采取什么态度呢？她在回忆录里说明道："这个基本事实使我下定了决心……我可以做一个与其他妇女一样的总统妻子。这是一个容易而又惬意的任务：只需举行招待会，接受别人的敬意，遵从礼仪……可是庇隆教我要避免走老路，所以我不能接受这个容易的角色。在我还是普通小学生时认识我的人都知道，我永远都不会演这种可笑的沙龙喜剧角色。我天生不是干这个的，一直看不起这类表演。况且，我丈夫不仅是阿根廷最高的显贵，而且是他的人民的领袖。像他一样，我也是双重角色。一方面，我是爱娃·庇隆，总统的妻子，举办出色的招待会，主持盛大晚会的女主人。另一方面，我是爱薇塔，人民把自己的全部希望都寄托在她身上的爱薇塔……每年有几天我是爱娃·庇隆，这个任务我完成得很好。其他时间，我是爱薇塔，是人民在庇隆身边的使者。这个任务完成起来很困难，需要坚持不懈地努力。我不谈爱娃·庇隆，因为我对她没有多少兴趣；我要大谈爱薇塔，并非出于虚荣心，而是让人们通过她更好地了解'无衫汉'们。

因此，爱娃选择了扮演政治角色。当庇隆搬进玫瑰宫的总统办公室时，她把自己的总部设在相距不远的劳动和社会事务部。两个人都日出即起，七点钟之前用早餐，八点整到达办公室。暂时，爱薇塔没有任何正式职务，也不领任何工资。下午一点她叫人把她送到玫瑰宫，在那里等待庇隆半个钟头后吃午饭。午休之后，他们各自回到自己的岗位，一直工作到晚上八点或九点钟。

在劳动部，爱娃身边有很多工人和社会事务方面的专家。她每周一、三、五接待来访，仔细倾听每个来访者陈诉苦情。爱娃不再是庇隆的情妇，而是总统的妻子。她要所有与他合作的人都以“你”相称，对那些觉得自己属于领导阶级的人她不信任。她让大家每天必须工作十五个小时，用凭直觉挑选的少数法国和意大利青年人充实她的班子。所有人都赞赏她，投身于她的战斗。她对他们要求很高。爱娃具有一种本能和实用主义，使得她能找到简单的办法解决复杂的问题。她的决定都是瞬间作出的。她选择伊莎贝尔·埃恩斯特做自己的助手。这是一位年轻的小学教师，善于以出人意料的方式解决工会问题。

在丈夫就职两周之后，她跑进布宜诺斯艾利斯最豪华的商店，买了不少衣裙、皮大衣，还买了三十来件戒指、胸针、手镯和项链。在社会事务部，她身边有一批私人顾问。她以他们为起点组织了异乎寻常的公众慈善活动和庇隆主义宣传活动。直到她去世，这类活动才停止。

有一个最令人奇怪的现象：在这六年期间，爱娃走遍全国，不知疲倦地发表演说，居然没有任何一个“无衫汉”想到要责备美丽的爱薇塔穿着皮大衣、浑身上下珠光宝气。她以一贯的胆量挡住别人的批评，每次演说总以同一句话开头：“不久前，我穿得像你们一样！如果你们信得过我，不久你们就会穿得像我一样。”于是，一切顺利！

正如许多女历史学家注意到的，爱娃·庇隆为妇女的选举权和阿根廷的男女平等而斗争。她很快被赋予了稍许少于庇隆的权力，每天狂热地工作十五六个钟头。她专横、急躁，对交谈者态度恶劣，令人恐惧。她决定负责行政官员的任命和工会问题，恣意羞辱、侮辱她不喜欢或不再喜欢的人。她常常表现得非常粗暴。贵族们憎恨她，她也憎恨贵族。在《我活着的理由》一书里，她猛烈地抨击世界妇女。在她看来，社会生活没有目的，一切都是表象，充满了卑劣、平庸和谎言。“对妇女们来讲，人生就是要扮演一个愚蠢可笑的角色。”她永远不可能在贵族阶层里得到承认，她对他们恨得要死。到处都有人害怕爱娃越来越大的影响。他们视她为女冒险家，可是其他人——穷人们，则把她视为“救星”。

全国到处都挂着她的巨幅画像，电台播送她的所有讲话，报刊上充斥着她的照片，报道她在为幼稚园、养老院和医院剪彩。她每周有三天接见成群结队的流浪者，分发给他们钞票（都是仔细预备的全新的、对折的钞票），给他们好食物，甚至给他们房子住……她实现着自己的梦想：在阿根廷贵族阶级妇女自己的地盘上，即慈善事业领域征服她们的心。几个月之间，她就获得了极大的民望。她本能地找到了打动卑贱者们心灵的方法，所使用的只有三件武器：行动、形象和同情。

她对群众的巨大影响很快具有了威慑力。开着罗尔斯牌轿车，涂指甲油，她像是来自一个无法企及的世界，可是她那亲切的语言却不可思议地顽强，还有她那总是敞开门的办公室，使人们信赖这个非常亲切、非常慈善的女性形象。在十分天主教的阿根廷，爱娃可能被人们真诚地视为降临人世间的圣母马利亚。有些决定是出乎人们意料的。在她的犹太女友安娜玛丽·海利奇的建议下，她经过争取，使得两千五百名犹太人的居住证合法化，而他们之中有半数是非法进入阿根廷的。她自己宣布自己是妇女和“无衫汉”们的施恩者，因为她认为失业者、流离失所者、寡妇、鳏夫、单身母亲、穷人再也不应该是被遗弃的人。

爱娃观察到，甚至在庇隆主义的立法者中间也存在惰性。这件事刺激了她，使她加倍显示出自己的活力，向这些拖后腿的堡垒进行斗争。她不顾礼仪规则，毫不犹豫地频繁约谈议员们，让他们加速通过各项法律。有一天她突然闯进议会的一个委员会，当时正在讨论一项计划。她放肆无礼的话令每个与会者震惊得目瞪口呆：“喂，孩子们，我们得赶快啊！”爱娃的种种主张虽然被讽刺为天真的和乌托邦式的，但比20世纪60年代美国的女权主义运动领先了四分之一个世纪。二者只有这样一个差别：爱娃强调妇女的特性，把它作为捍卫妇女权益和特权的工具。她这样断言道：“我们与男人不一样。男人们可以独自生活，我们不行。我们需要一个伴侣，一个绝对的伴侣。我们感觉需要的是给予多于接受。”她的承诺产生的成果是1947年9月23日通过的法律（确切地应称为“爱薇塔法”）。其第一条就规定，阿根廷妇女与阿根廷男人享有同样的权利并承担同样的义务。

爱娃代表了所有家庭主妇和女佣的梦想，尽管她穿着华丽的衣裙，有一个英俊的丈夫，并且身边尽是制服闪闪发光的人。家庭主妇和女佣们开始称她“爱薇塔”。而她自称为“爱薇塔同志”，这似乎就使她与这些妇女融为了一体，使她们可以分享她的财富和光彩。在偏远地区，一些农妇沿着泥泞的路步行数公里，赶来看她乘坐的列车经过。这些纯朴的妇女可能从来没有进过电影院、从来没有见过一台收音机、从来没有见过一个铺地毯的房间甚至一架楼梯、从来没有见过一位穿着如此华丽的年轻女子，在她们心目中，爱娃所代表的绝不止是一位灰姑娘的梦想！

然而，她仍然懂得打谦虚这张牌。她说："我只不过是庇隆将军这位理想主义者的合作者之中最微不足道的一个。我只不过是与这位伟大的爱国者一起工作，为我们国家创造辉煌未来的一个女人……"可是她以如此充沛的精力、忘我精神和十足的信心发挥着自己的作用，使人感到她的谦虚不合时宜。再说，她的成功大部分应归功于她的自信，她从来不担心自己会显得可笑。她似乎觉得自己的能力是无限的，所以她认为自己选择的任何角色都是现实的。她扮演没有头脑的女主人，拿一片纸条胡乱写上总统府的地址交给来访的大使夫人，以免大使夫人忘了给她写信，而在说了不合时宜的话或者想跑到卧室里去找一块丝绸衣料送给一位女友时，她会像一个淘气的女孩子一样挠鼻子。她同样善于扮演年轻实业家的角色——去参加银行家、记者和工会代表的会议，后面跟着一大群秘书，她冲他们嚷道："喂，孩子们！快点啊！"或者扮演一个很会关心人的年轻妻子的角色，将一块披肩披在大名鼎鼎、年纪比她大很多的丈夫肩头。她根据自己面对什么样的公众选择什么样的角色，而且全身心地把它扮演好，有时难免会有些夸张而露出破绽，但即使这时她对自己可能也是诚实的。

当然，她有点过分地顾及外貌。她可能是20世纪感觉到形象与话语相结合的魅力的头一个女人。有人恶意议论她那出自名师之手的数百套衣裙、鞋子、皮大衣和珠宝首饰。而她呢，她决计让自己快乐，并让人家知道。作为第一夫人，她聘用了一位私人摄影师，亲自修饰自己的照片，每天用自己的照片登满所有报纸。一天之中每次接待客人时，她都要换服饰、换首饰甚至换发型，只是把两层的发髻保留到盛大的场合。实际上，记者们对她这个人都趋之若鹜，报刊对她都忠心耿耿，所有报刊，除了布宜诺斯艾利斯的大日报《新闻报》。于是，《新闻报》就注定要消失。至于对阿根廷尚存的一点言论自由如此粗暴的侵犯在世界上引发的丑闻，那算得了什么！

受到约束的《新闻报》重新出版了，在头版刊登了该报一直不予理睬的爱娃·庇隆的照片。如果需要，她每天会换二十次服饰。她无处不在，监视着一切，不要命地工作，但总是表现自己。这位女演员没有甘拜下风，永远不会甘拜下风。在官方的平台上，在麦克风前，她把位置全让给她的男人。私下里她双手抱着他。而“当庇隆泄气时，我就朝他屁股上狠狠踢一脚，让他振作起来”。有一天她这样披露道。因为她具有巾帼英雄的素质。她全心全意相信庇隆的思想，相信他的“社会公正主义”。“我没法说我最爱的是什么：是庇隆还是他的事业。”庇隆娶了她，她百无禁忌，把头发染成金黄色使自己像圣母马利亚，梳着严格的卷筒式发髻，穿鸡爪状花纹的衣裙，佩戴细珍珠项链，穿貂皮大衣，坐敞篷小汽车。可是，她没有忘记穷人，没有忘记她的贫穷。她需要庇隆帮助实行她的改革思想。没有任何东西能阻止她！

第五章
夫人

庇隆夫妇真是一对奇特的总统夫妇！在 1945 年 10 月 17 日之前的历次事件中，爱娃看到了丈夫的弱点、不足和疑虑。他并非她想象中的那种非凡的人。他缺乏热情和胆量。

事实上，爱娃恰恰相反。她自信、慷慨、轻信，在第六感觉的保护之下，善于辨别真和假、恶意中伤和推心置腹、夸奖赞扬和阿谀奉承。她总是全力以赴！爱娃，爱憎分明。庇隆呢，爱憎不分。这是一个耽于声色之乐的人，追求生活享受和精神价值。习惯于早起，迷恋于潘帕斯草原辽阔无边的空间，喜欢骑马，醉心于驰骋中的风声。他没有多少文化修养，对音乐和诗歌一窍不通，作为一名不可改变的业余爱好者，他最喜欢阅读的是军事论文和大众新闻。

爱娃习惯于夜间活动，受到某种宿命论的侵扰（也许她预感到距她的命运结束她所剩时间不多了？）注定会英年早逝。她绝不妥协、一味强求，绝不迁就、强人所难。重驱使而不重说服，更是临危不惧。虽然她的过去有些混乱，但她是一个清澈透明的女人，一辈子生活在持续的悲剧性紧张之中，直到被自己的烈焰吞没，就像划过星际空间的一颗流星。

她的本能冲动与庇隆的头脑清醒、有条不紊恰成对比。在关键时刻，她表现得好斗，而庇隆（过分理智，不会鲁莽）则犹豫不决，倾向于打退堂鼓和投降。他们的相互依恋恰恰产生了这种差异，就像相反的两个磁极。这种差异在他们两个身上产生一种神秘的互补性，任何东西，哪怕是死亡，都不能将之销蚀。

在《我活着的理由》一书里，有时她想掩盖真实，反而披露了真实。她说，庇隆和她都忠诚于同一个事业，但是庇隆完全清楚自己的目标，而她对自己的目标只有一种模糊的想法；庇隆是凭自己的智慧在工作，而她是凭自己的心在工作；庇隆为斗争做好了充分准备，而她却是无知地准备应对一切；庇隆复杂，她简单；庇隆了不起，她微不足道；庇隆是老师，她是学生；庇隆是身体，她是影子。如果避开她的文章和谈话中这一大堆颂扬之词，从她一连串的自谦之中，我们还是能够发现某种真实。当庇隆突然面对舞台前沿的脚灯和对手们的怒火时，她可能凭直觉飞快地明白了自己的无知和能力不够。后来她几乎是虔诚地写道："我们追求着同一个目标，他知道自己要做什么，我只是模糊地感觉到。"

可是，这些话掩盖了真正的问题。如果有些人说政治人物在爱娃身上只看到一个绝好的宣传工具，另一些人则会断言爱娃是阿根廷的真正主人，是政权的智囊，是"民族的精神领袖"。爱薇塔身上最具魅力的，是她的精力。1970 年在与夏洛特·钱德勒的一次谈话中，庇隆自己强调指出了他妻子的这一点："她不知疲倦，有用不完的精力。精力，是的，它使你取得成功。有时我看着她，只看她不停地忙活我就觉得累。然而，我一直是一个充满活力的运动员。当然，有时她也会累，但即使在这种情况下，她总是还能拼命地干。她似乎总是过分地消耗自己的精力，消耗自己残存的潜能。她关注的中心是她在进行的工作。她从不停止，从不考虑自己的身体。甚至在生命快要结束时，她还把病床称为她的‘办公桌’。让人来她的‘办公桌’旁，她在那里一直工作到生命的最后一息。”

她的理发师胡利奥·阿尔卡拉兹甚至说得更透彻：“她知道一切东西迟早都会消逝，所以她想用一年时间从事其他人需要整个一辈子才能完成的试验。她凌晨三点钟就给助手们打电话向他们下达命令，早晨六点钟又打电话要弄清楚她的命令是否得到执行。说话间她就建立了一个阁员、密探和马屁精网，使她对与政府有关的任何情况都了如指掌。在这方面她可比庇隆机灵。不过，她精心地编织这张网，并不像有些人声称的那样，是为了给庇隆制造不安。她的目的是值得赞扬的，因为庇隆骨子里是个软弱的人。”

爱娃的私人内阁对她非常忠诚。她把她的班底安置在与她那间大办公室相连的各个房间里：约瑟·菲格罗拉、卡斯特罗上校、凡桑特·西埃拉等，组成“爱薇塔军”的第一分遣队。在这个中心的中心，平时有三个人坚守在爱娃本人的办公室里，成为她的贴身卫队。其中当然有她的“小哥哥”胡安·拉蒙，他以对她的忠诚而得到她的信任。另外有两个女人守在夫人身边，眼睛从来不离开她，随时准备只要她一示意就立即效劳。她们是伊莎贝尔·埃恩斯特和利利安·瓜尔多。前者的任务是在可能的情况下，完善夫人的教育。

当然，爱娃把她家里所有人都安置得很好，让他们生活得很舒适。除了艾丽莎仍和丈夫住在胡宁，军医阿里埃塔已成为议员，伊巴尔古伦家族其他成员都来首都居住了。哥哥胡安在她的私人秘书处工作。奥尔兰多·贝尔托利尼娶了艾尔曼达，被任命为海关关长。布兰卡的丈夫阿尔瓦勒斯·罗德里格兹是最高法院的成员，小学教师布兰卡被提升为幼儿园和小学的督学。

在10月17日之前，爱娃还显得温和，甚至心不在焉。现在她不是发表意见，而是下达命令，强制执行。爱娃审理、判决、赦免。她不再待在庇隆身后，像一只猫准备跳到一张扶手椅里，而是舒适地坐在扶手椅里。像丈夫一样，她也有自己的由秘书、专家和奉承者[①]组成的顾问班子。她经常旅行，但不准丈夫走动，不准他去外省进行巡回宣传。她太擅长巡回宣传了。她那穷人们的圣母的语调令人生畏。对穷人她是天使，对富人她是复仇女神，强迫富人缴税，对他们进行敲诈、侮辱和报复。富人们永远偿还不清她和她的人民曾经遭受的全部屈辱。对于她的那些“无衫汉”来讲，任何事情都不过分。“就是用世界上的所有黄金，也不会使任何人幸福——如果慈善采取侮辱的形式的话，因为尊严是人最宝贵的东西。正因如此，我要让我的所有家庭都是豪华的，甚至非常豪华！有人问我是否担心他们会习惯于像富人一样生活，我回答说不，我不担心。地球上有相当多的财富，可以让所有人都富裕。我骨子里是一位社会反叛者。”

爱娃建立了爱娃·庇隆基金会，负责解决穷人的需要，回答她收到的成千上万封信。那些信都要求食糖、药品、圣诞节玩具娃娃、鞋子、床、衣服、食物等等。基金会有职员一万四千人，爱娃是其中之一。她建设家庭、学校、大学生城、医院、养老院、度假中心，都建得挺豪华，以便让穷人不会感觉到是在向他们施舍。

然而，有许多轶事表明了她与金钱的奇特关系。阿尔贝托·多德

① 当然包括她哥哥胡安·拉蒙、耶稣会士贝尼特兹、利利安·瓜尔多、富翁阿尔贝托·多德罗、理发师胡利奥·阿尔卡拉兹、她的演说撰写人穆诺斯·阿兹皮利、大夫阿多尔福·阿尔西纳、缝纫师阿逊塔（亨利耶特服装公司）、胡安尼塔（纳勒托夫服装公司）、她的侍女伊尔玛·卡布勒拉、她的指甲修剪师伊尔玛·加蒂，还有庇隆的两个副手担任她的随行助理。——原注

罗是庇隆的一位亲密朋友，他对爱娃无限钦佩并利用她的影响。玛丽·梅因报道了这么一件轶事：“多德罗计划建一条通往欧洲的商业航线，投资了数十万比索，想获得必要的授权。有一天，爱娃被这位船主的妻子所戴的钻戒——一枚价值一百万比索的小玩意儿迷住了。多德罗当场从妻子手指上取下钻戒送给了爱娃。想获得授权的所有困难像施了魔法似的统统消失了。”

著名的船主亚里士多德·奥纳西斯是爱娃的密友之一。1947 年夏天，爱娃去欧洲兜了一圈，这次访问或许是个公私兼顾。奥纳西斯的一位老朋友——阿尔贝托·多德罗是其随行的成员之一。当一行人抵达蒙特卡洛在巴黎宾馆短暂小住时，在蓝色海岸休假的奥纳西斯和蒂娜夫妇，应爱娃邀请到其宾馆共进午餐。奥纳西斯向多德罗透露了他对胡安·庇隆之妻的仰慕。午餐后，奥纳西斯要求多德罗安排他和爱娃在更亲切的环境下相会。于是奥纳西斯应邀与这位阿根廷美人又一次共进午餐，是在爱娃位于意大利利古里亚海岸的圣玛格丽塔·利古雷拥有的一座度假别墅里。爱娃以真诚的热情私下接待了奥纳西斯。他们做了爱。爱娃亲手为他做了一个煎蛋卷，奥纳西斯表示欣赏，签了一张一万美元的支票，捐给她的一项慈善事业。他后来说：“那个煎蛋卷很可口，但也是我所吃过的最贵的煎蛋卷。”

那个时期，一位欧洲的外交官与爱娃有一段稀奇的故事。这故事发生在第二次世界大战刚结束之后。这位外交官被派驻在布宜诺斯艾利斯，替他的国家说情，因为他的国家有一个生死攸关的需要，就是阿根廷的小麦。胡安·庇隆有总统的权力，但爱娃的话胡安·庇隆不能不听，而这位外交官则对爱娃·庇隆言听计从。爱娃明确表示对他感兴趣，他便愉快地跨越了纯外交关系的界线。然而，这走的可是险棋。无论如何，他绝对不能冒犯庇隆将军，也不能冒犯爱娃。他与爱娃的关系密切但是脆弱。他自己也没能很好地弄明白这种关系的确切性质。他是爱娃的献殷勤者，说什么也不能失去这种难得的地位。出门在外，不管是参加慈善晚会还是公共集会，爱娃都希望挽着不会受到任何怀疑的男人的胳膊。在经常出入玫瑰宫的人之中，能自夸具备这种条件的人极少。至于这位外交官，不消说关于他的流言蜚语很多。他经常在爱娃的房间里吃早饭，目的是安排一天的日程。爱娃全神贯注于自己的安排，常常没有意识到自己的睡衣滑落了，裸露出两条腿。外交官不知怎么办，只好看向别处，试图集中注意力欣赏墙纸上的图案。他没法知道爱娃期待他什么，真诚地祈祷什么事也没有。而后有一天，答案有了，像山泉水一样清澈。他早就有风流浪荡的名声，总统夫人直截了当地问他为什么不对她施展他的魅力。是因为她不动人，所以不讨他喜欢吗？于是，他尝试用言语来消除她的疑虑，可是越来越明显她不会无限地满足于言语。他不能冒失地拒绝她的调情，从而招致她著名而可怕的训斥。他们定下来第二天早上六点相会。官方日程上标明“会见”，但没有提到是私人性质。他通宵未眠。首先是因为这道简单的难题：是去还是不去？自己国家的全部分量压在肩上，他翻来覆去地掂量着这个问题：他能够体面地对总统夫人说行，另一方面能够明智对这个女人说不行吗？接着还有一个更乏味的问题：他究竟是行还是不行？即使一切证明他是一个有正常性欲的男子汉，他也非常希望自己掌握主动。就算他没有选择爱娃作为合作者，他也清楚地预见到他将面临的巨大压力。

最终，他像囚犯似的去接受约定的召见。数年之后，他讲述了那场面，不太像一个好学生讲述自己完成得出色的作业，倒更像一位突击队员讲述自己完成的一项任务。他心理上准备好了去迎接那等待着他的战斗，长期风流浪荡的经验使他获得了肉体和心理上的全部武器。

实际情形超过了他在来之前夜里想象的全部情节。他体面地完成了自己的使命，仅此而已。爱娃大部分时间是谈论政治，挂在心头的尤其是外省一位市长的表现。那位市长对她不够尊重，或者有类似的问题。外交官解释说，总的气氛严重影响了他集中注意力的努力，使他明白不管对不对，他并没有创造奇迹。他预备了在兴趣低落时交谈的一长串话题。这些话题之中的任何一个都与实际在床上发生的事没有关系。正当他男性的自豪感开始绝望时，总统夫人一句话说到一半突然停止不说了，接着轻轻地叫了一声。他还没有明白这中断的原因，总统夫人又开始说起来了，在几秒钟之前中断的地方重新捡起了她的独白。这个阿根廷女人最终拿出了他祈求的果实……

这些贵妇小客厅里的轶闻趣事不应该掩盖主要的东西。庇隆和爱娃一道发明了“社会公正主义”。按照庇隆的解释，所谓社会公正主义，就是社会公正的学说。这是否像表面看起来的那样，究竟是一件纯粹蛊惑人心的事情呢，还是受到了爱娃通人情的影响？不管怎样，独裁者们的这位朋友本人多少变成了一个独裁者，颁布了一些有利于弱势群体的措施，如增加工资、带薪休假、退休、每年发薪十三个月。“土改”一词传遍农村，激励着农民，而令大地主们发抖。在这里，怎么能怀疑明摆着的事情呢？阿根廷广大人民群众之所以完全支持现政权，并不是他们那么相信庇隆，而是相信他们的“圣母”爱娃的话。每天从十四点至二十三点，总统夫人接见所有有话想对她说的人——想对她倾诉自己的忧虑的人或仅仅是想见她一面的人。她回复所有来信，接见工会代表团，创立和支持许多慈善机构（如家庭、工人住宅等），其中多数以她的名字命名。她的名望不断提高，掩盖了庇隆本人的名望。不过庇隆并不把这一点放在心上，因为爱娃是推行社会公正主义的理想工具，他善于将她利用到底。1952 年爱娃已经生病，可他还让她坐在官方的车里到处走，其目的说不清是想得到什么，总之是想得到只有爱娃才能得到的东西吧。

爱娃不是说过最动人的一段话吗：“当一位工人叫我爱薇塔的时候，我高兴地觉得自己是全世界正在工作着的所有男人的伙伴和朋友。当我的祖国的一名妇女叫我爱薇塔时，我就想我是她的姐妹，是人类所有妇女的姐妹。实际上，我不需要作出任何努力，不需要付出任何代价，就感到自己是为此而生的，感到自己应该对卑贱者负责。我与工人们并肩斗争，好像我就是他们车间或工厂的工友，对于相信我的妇女，我把自己看成她的大姐，对她们所有人的命运负有部分责任。”

关于爱娃那不可思议的工作安排，导演玛格丽塔·沃尔曼留下了一段富有说服力的证言：“我再见到她时，她已成为‘夫人’，就像她身边的人称呼的那样。她具有明显的个性，我注意到的首先不是她那些异乎寻常的首饰，而是她的肤色，白皙有如大理石，晶莹胜似珍珠。她在劳动和社会事务部工作，身边有众多秘书和警卫员。她的的确确被来自全国各地的不可想象的杂七杂八、乱哄哄的人包围着。那些人都是来求得她的帮助和恩惠的。她总是保持着仪态高雅、衣着讲究，完全看不出被所有那些拖儿带女的家庭散发的难闻气味所烦扰。这些家庭来自遥远的地方，有些来自萨尔达省或图库曼省，在那里一天一天地等待着，直到受到接见……他们真可谓是在劳动和社会事务部的各个厅室里安营扎寨。爱娃为了一些舞蹈演员和编舞者的事，多次在那里召见我，因为他们都求助于她，希望能从科隆舞蹈团获得聘用合同。我目击了一些令人难以置信的‘圣诞老人接见会’：那里有要自行车的，有要住房的，也有仅仅要钱的，以便带着全家人返回所来的地方……有许多穷人一到首都就迷了路。他们都听到了有关爱薇塔的传说，跑到首都来的唯一希望，是想亲眼见她一回。爱娃总是穿着打扮华丽加上他们近似宗教的崇拜，使得这些深信天主教、心灵单纯而慷慨的百姓，把她比作身上缀满宝石、穿着名贵衣服的西班牙—印第安圣母。”

爱娃·庇隆是那样家喻户晓，很快，在西阿根廷西北各省出生的半数女孩子，都取名爱娃或玛丽亚·爱娃。少女们还都效仿她的发式，把自己的头发染成金黄色，挽到脑后梳成发髻。爱娃成了时尚的标准，解放女性的楷模。

然而应该指出的是，在阿根廷，她并没有得到所有人一致的爱。整个贵族阶级（社交界的、经济界的）厌恶她，可能因为她嫉妒他们。军队（虽然是庇隆的力量之一）认真地监视着她，担心她对将军施加特别巨大的影响。但是，爱娃挺机灵，反抗渐渐被化解了。动人的微笑容易征服人心。不管怎样，爱娃背后有“无衫汉”们支持。穷光蛋们、饥寒交迫的人们与新大陆最高雅、最能花钱的女人之间奇特的、激动人心的联合！请注意，在这种联合中爱娃没有丝毫虚情假意。她领子上佩带着价值数百万比索的珠宝，去参观最贫困的社区，进到令人透不过气来的厕所里；她手上所戴的钻戒，仅仅一枚就足以让一个受救助的家庭生活好几年，而她就是用这双手给予穷人慷慨的救济。这也不妨碍她在临时搭起的一个台子上，向台下心醉神迷地看着她的成千上万泥腿子喊道：“亲爱的‘无衫汉’们，我为自己曾经没有衣穿的处境感到自豪……”不错，她演说的主题是希望，她几乎总是说：“我过去像你们一样。请看看我现在变成了什么样。你们之中没有一个人不能取得同样的成功。我会尽我所能帮助你们获得成功。”总之，她把自己像一个美好的梦想、像一个不可思议的奇迹献给他们。这是不是说，阿根廷的天空对她来说就没有任何黑点了呢？不。有位记者斗胆宣称，阿根廷的财政仅仅因为爱娃的双向挥霍而负债累累：一方面是她的穿着打扮，另一方面是她施行的救济。这位记者阴险地补充说："我们要求把爱薇塔·杜阿特的个人预算削减50%。"这个傲慢的家伙肯定要被免职。

阿根廷的"善良仙子"厌恶矛盾，对报纸的批评尤其敏感，《图片新闻报》的批评令她特别恼火。一天下午，她遇到这家日报的老板约瑟·奥古斯蒂，直截了当地问他：

"据说有人表示想购买你的报纸，确有其事吗？"

"确有其事，但我并未当真。"

"从什么数额开始你才会当真呢？"

"四亿法郎。"

"好，我照付给你。从现在开始这家报纸就属于我了。"

第二天早上，爱娃的照片便出现在该报各栏的显著位置。爱娃是野心家吗？当然是，不过一切都取决于你对这个词怎么理解。她是个多情的女人吗？可能吧，但这样说太轻。爱娃是她二十四岁时认识的、当时已四十八岁的那个男人的狂热崇拜者。她献身于这个男人和他的事业，就像其他人加入宗教献身于上帝一样。她热烈地说："我相信上帝，崇拜上帝。我相信庇隆，可能更崇拜庇隆。上帝有一天让我新生。庇隆天天让我新生。"

总统官邸的时钟敲响八点整。阿根廷共和国总统的妻子爱娃·庇隆坐在梳妆台前，已经准备好了。然而昨夜她像每夜一样，是凌晨三点钟才睡的。等一会儿，她的侍女伊尔玛、理发师胡利奥、私人秘书阿蒂利奥·伦济和指甲修剪师就会进来了。这位"穿裙子的国务活动家"的每一天是从纯女性的操心开始的。首先是指甲，总是涂成深玫瑰色。然后是头发，胡利奥想说服女主人采用一种稍稍更现代的发型，可是庇隆夫人始终忠于她自己的发型——把淡金色的秀发挽到脑后，梳成一个大发髻。只有参加盛大的晚会时例外，这时她同意把头发梳成环形发髻，让它像瀑布般垂落。

才八点钟，可是在爱娃办公那个部的候见厅里，已经有一个人等候在那里了。很快就会有十个、二十个、上百个，会有一大群人来到那里，要求见“卑贱者们的保护人”。这些人她全都要见。什么时候呢？说不准。再来，再来很多次，长时间地等待，不要紧，他们肯定会见到她。等待是必需的。看，他们很快就都等三个钟头了，挤在劳动部爱娃的候见室里。这里是总统夫人的三间办公室之一。有一间办公室就在玫瑰宫里，26 号房间。另一间在中央邮政大厦的第五层，工会秘书伊莎贝尔·埃恩斯特在那里接电话，不停地回答说，夫人正在她的第三办公室——劳动部大楼那间办公室里接见来访者。爱娃·庇隆不是阁员。一些奉承者想让她担任一个职位，但她比他们精明，拒绝了。这样她才更自由。她比最有影响的阁员更有影响。有人断言，政府的人都是她任命和撤换的。可是正式地讲，她只是社会事务的领导人和爱娃·庇隆基金会的创始人。这个基金会是一个庞大的全国性慈善托拉斯。

在烟雾腾腾、令人透不过气来的候见室里，还是上星期五那几个人：一名带了一大堆摄影器材的女记者，一个沮丧地坐在一张扶手椅里的胖埃及人，一位坐在一张椅子边上、抱着一大束花的年轻妇女，还有不断进来的其他人。墙上挂着总统夫妇的照片。两幅官方第一照之间有一个十字架。庇隆穿着礼服，显得悠然自得，没有摘掉显得不协调的手表。爱娃被一家名牌服装公司打扮得有点过于华丽。记者端详着连续的两张照片，排遣无聊。其他人！这两张照片他们早就记熟了。爱娃和胡安的巨幅照片到处都有，墙上、所有公共建筑物上，到处都有。这一次，来访者们好运气。三个钟头之后，朝向一间大厅的门打开了。大厅里一个小台子前面的长椅上坐了一群人。主持接待的是一个年轻女人，浅黄色头发，穿着很符合这种场合的黑色裙套装，身边坐着几个主管社会事务的领导人。她迅速地解决提出的各种问题，不仅满足各项要求，还迎合、超过所提出的要求。他们希望工资涨30%？会给他们涨40%。年轻女人突然站起来，走到人群里，和大家一一握手。她的手潮湿发烫。“跟我来，孩子们！”大家突然进到一间梯形大厅里。那里是电影工会所在地。人群有节奏地高呼：“爱薇塔，爱薇塔！”一台电唱机放着庇隆主义赞歌。一位代表交给总统夫人一张巨额支票，支持她的社会事业。她简单地表示感谢，就离开了。整个过程不到十分钟。

这个场面一天天、一周周、一月月、一年年地重复着。同意增加的第一个月工资照例支付给慈善事业。爱娃不记账。“慈善事业还要记账！”她义愤地说。这慈善救济了什么人呢？所有人吗？救济的是所有庇隆主义分子。给予庇隆主义分子的还有助学金和社会援助商店。这家商店是一栋六层的大楼，里面各种商品应有尽有，甚至有成套的家具。只提供给庇隆主义分子。可是面对这么好的理由，谁还不是庇隆主义分子呢？工业方面的头头们为这项事业埋单，知识分子受到逻辑困扰。经济学家们指出，这个挥霍无度的国家，本是世界头号牲口和小麦生产国，可人们却生活在吃黑面包和天天没有肉吃的条件下。

爱娃从清晨到午夜不停地工作，有时一直工作到第二天黎明。可是，即使在工作时她也喜欢盛装打扮。这种讲究的角色对她是一种放松。她效法路易十五的情妇蓬巴杜夫人，在理发师和指甲修剪师为她做头发、修指甲时，接见官方要员。“这是我的任务之中最容易的部分。”她说，一心想着让卑贱者们享受一切奢华的场面。当她为一个晚会做准备时，庇隆总是主持她的化妆，看到她那样的一丝不苟，不禁露出狡黠的微笑，说："你的敌人们又会说你像一个女戏子、杂耍歌舞剧场的妞儿了。"她装衣服不用衣柜，而是整间的房间：一间只放晚礼服；另一间放帽子，有一百来顶；第三间是够上营人穿的鞋子。她的衣服都去巴黎最著名的缝纫店做。一个五层的保险柜分门别类地藏着她的首饰：镯子、项链、戒指等等，"全都是礼品。"她说。

可是，那些奢华的打扮，世界上独一无二的蓝色水貂皮，是谁付的钱呢？爱娃在国外的花销是怎样结清的，既然外汇实行配额？她大概有个人的调节手段吧。"不可能，"她的侍女肯定地说，"她是在黑市上买法郎。这更贵，但更方便。"一位"无衫汉"嘲笑反对派说："即使她没有衬衫，却不缺少其余的一切！""无衫汉"们倒并不反感。首先她总是在他们面前盛装打扮。她看上去就像他们的降世为人的圣母，是他们的希望。然而她有缺点，但她并不讳言。她有些过分，而且缺乏节制。她把一位年轻新郎关进了监狱，因为这位新郎想收回自己的房子，因为他在父母家拥有规定的地位，可是一个有八个孩子的家庭占住了他的房子。她辞退了一个穷人接待中心的所有工作人员，因为有人把布罩扔在扶手椅上。"穷人难道就没有权利在豪华的环境里生活几天吗？"她送三百个孩子去海边一家豪华大宾馆住了半个月。然后这些孩子又回到了他们简陋的家里。

不过自从她得势之后，增建了五千所学校，助学金比美洲任何国家都增长得快，超过了加拿大和美国。妇女们认识到她们在社会上的影响，获得了选举权。老年人也终于获得了关照。所有这一切都是过激地实行的，天知道究竟能维持多长时间。暂时吗，作为无与伦比的合作者，爱娃给靠军队右派上台的庇隆，提供了工人左派无可估量的支持。共产党人也敬重她。只有反对派抱怨（小声地，这更谨慎）、忧心忡忡。这不仅仅是出于阶级的自私，而是因为好运总是要付出代价的。

第六章
征服欧洲

1947年春天，庇隆责成他的大使们宣布，阿根廷的第一夫人将于6月份去欧洲进行一次私人访问。

6月的一天，她终于前往莫龙机场。她的十二个旅行箱被装上了总统座机。随后，在军乐队演奏的国歌声中，她向前来送行的丈夫、阁员们和工会干部们道别，到了舷梯上还最后向他们挥了挥手。不一会儿，飞机就消失在东方。

第一站，马德里。庇隆特地给另一位独裁者佛朗哥将军写了一封信："我谨把阿根廷的心送给你。"这个比喻吸引了西班牙人。爱娃到达那天，许多西班牙人涌到机场。佛朗哥热烈欢迎她。在表示感谢的致辞中，爱娃声称她此行不追求任何政治目的："我来到这里，就像一道彩虹把我们两个国家联结起来。"拥护君主政体的日报《ABC》对爱娃·庇隆在马德里受到的热烈欢迎，提供了一个概念："西班牙国家元首在妻子和女儿陪同下来迎接她。他显然很激动，亲了一下这位著名夫人的手，友好热情地对她表示欢迎。阿根廷总统夫人激动地感谢这种欢迎。然后，最高统帅向她介绍自己的妻子。两位夫人亲切地交谈。元首相继介绍了政府成员、议会议长、马德里主教阿尔卡拉及其他要人。在欢迎仪式的过程中，公众不停地向佛朗哥和爱娃·庇隆欢呼。马德里市议员向庇隆夫人献上了一大束花。国家元首和庇隆之妻检阅了仪仗队，这时官方的礼炮齐鸣。欢迎仪式结束了，群众还在继续欢呼，庇隆将军的妻子和领袖坐进汽车去马德里，另一辆车里坐着领袖的妻子，由外交部长陪同。他们出发时的气氛既热烈又热情。在从机场到马德里市区沿途，群众聚集在马路两边，向经过的车队热烈欢呼。贡萨尔·安东尼尼将军派出军队，在车队经过的阿尔卡拉街沿途守卫。两边人行道上人群拥挤。从大清早开始，就有一些居民举着欢迎牌子，挥舞着西班牙和阿根廷国旗，场面的确壮观，而且随着时间的推移越来越热烈。阳台、有轨电车、路灯都披上了节日的盛装。晚上9点钟，西贝勒斯喷泉、阿尔卡拉门、埃斯帕特罗雕像和格兰·维亚，被灯光照得通明，宛如燃放了烟火。就在此时，庇隆总统的夫人和佛朗哥将军乘坐的车到了，他们沿途受到热烈诚挚的欢呼。马德里市长向庇隆夫人和最高统帅夫人献上一束美丽的鲜花。玛丽亚·爱娃·杜阿特·庇隆夫人掩饰不住激动的心情。马德里人民几小时前刚刚集会，重申对领袖佛朗哥坚定不移的支持，此时又给了庇隆夫人无与伦比的欢迎。将近晚上10点钟，车队抵达国家元首官邸——帕尔多宫。”佛朗哥将军和他的同胞们都被迷住了，他们从来没有接待过一位如此美丽的女宾。她那乳白色的皮肤、洁白的牙齿、炯炯有神的大眼睛和浅黄色的秀发都近乎完美，俨然一位正在演出的女明星！

伊比利亚半岛之行的其余部分也一样——塞维利亚、利尔多瓦、拉科鲁尼亚、萨拉戈萨到巴塞罗那结束，历时十天。行程毋宁说是混乱的，经常改变，以便马上满足这位夫人的愿望。她迫不及待地想看一切，与尽可能多的人交谈，给穷人施舍，去教堂祈祷，或者装模作样地匆忙视察工厂、孤儿院、养老院，用明察秋毫的目光观察每一个细节，搞得那些陪同参观的人个个筋疲力尽，一天比一天难以支持。她也感到劳累，出现了健康变坏的迹象，可她是那样热情，谁也不敢阻止她。旅行以这种紧张的节奏继续进行。

这时，所有人，包括随行人员和全程报道的记者，都注意到了爱娃的适应能力。她面对任何东西都不胆怯，连西班牙严格的外交礼仪和那些总是盯住她的目光也丝毫不令她胆怯。她显得很自信。除了极个别不耐烦的动作，她一直表现得高贵而平易，绝对没有像某些人所担心或盼望的那样，做出令人吃惊的蠢事。对一个正经历着经济困难的国家来讲，阿根廷总统夫人的穿着有点过分，但不失高雅，出色地完成了她来西班牙所担负的任务。

随后是访问意大利。为了让庇隆夫人过得愉快，阿根廷大使为她准备了一些豪华的套房，花了一大笔钱装修布置了一座18世纪的宫殿①。到达的当天晚上，她就要向聚集在她阳台下面看热闹的人致敬。她穿着最漂亮的裙套装，佩戴着最美的钻石，满面微笑地走到阳台上。一帮新法西斯分子向她欢呼，一边有节奏地喊着："领袖！领袖！"但是，他们的喊声立刻被群众的怒吼盖住了："打倒庇隆！打倒庇隆！打倒佛朗哥！处死法西斯分子！"

参观梵蒂冈是她在罗马逗留期间的伟大时刻。她拜访了教皇，按照梵蒂冈的礼仪穿了一身黑服，但是头巾下面的金色长发垂散及腰，

---

① 1947年7月7日出版的《时代》杂志报道："上周，埃齐利诺宫2号楼纤尘不染。阿根廷使馆的官员们花了二百万里拉（按黑市价合二十五万多美元），清扫和装修这栋五层的楼房及其四十个房间，以迎接入住的客人玛丽亚·爱娃·庇隆。她丈夫即阿根廷总统胡安·庇隆的画像挂在墙上最重要的位置。她的卧室里摆设了一套路易十五时代样式的新家具。进门的大厅，换上了崭新的闪闪发光的镶木地板，门都漆成了别致的绿色，大理石的楼梯擦拭得像镜子一样明亮。爱娃6月18日开始的欧洲之行从一开始就遭到嘲笑，而这种豪华的装修恰恰充当了这种嘲笑的背景——这并不是使馆官员们的错。"——原注

胸前一颗非凡的、世界上最大的钻石熠熠生辉。庇护十二世在他的私人书房里接见了爱娃二十分钟①。从这次晋见，人们可以揣测到爱娃的忏悔师耶稣会神甫赫尔南·贝尼特兹的影响。这位神甫渴望在她身边充当红衣主教吉梅内兹·德·西斯内罗斯，即天主教徒伊莎贝尔的顾问的角色。他起草了爱娃的大部分书信和演说稿，唤起庇隆主义“基督教人道主义”的一面，可能也唤起了总统夫人疯狂反对共产主义的一面。他的影响虽然不引人注目，却很有效。

意大利政府则严格保持最低限度的礼仪。总理陪爱娃去露天观看威尔第描写罗马皇帝卡拉卡拉的歌剧《阿伊达》。这样她就可以披上她的狐狸毛皮披肩而不显得太可笑，尽管罗马的夏夜非常炎热。总理还为她举行了午宴并献给她兰花。最终爱娃缩短了她的逗留时间。官方的理由是：医生要她休息。在如此行乐的日程之后，这是可以理解的；当然，也有对可能发生敌对的游行示威的担心。不管真正的理由是什么，反正爱娃在随行人员和斯福尔扎伯爵的陪同下，去湖畔休息去了。面对科姆湖的美景，她情不自禁地发出了一声阿根廷式的赞叹：“真是奇观！”

接下来是巴黎的访问，对爱娃来讲这至关重要。巴黎是许多阿根廷人的第二故乡，是布宜诺斯艾利斯美的评判标准。爱娃可能因为自己显得不很时髦而不自觉地发抖，虽然她对自己的打扮充满了自信。起初，一切很好。外交部长乔治·比多在奥利机场迎候她，然后陪同她前往里茨宾馆。在旺多姆广场，一群穿白衣服的幼小的孤儿在等待她的到来，见她一下汽车，便欢呼起来：“阿根廷万岁！法兰西万岁！”爱娃显得很激动，向孩子们走过去，一个一个地亲他们。尽管开头令

---

① 爱娃在穿宫廷短裤的阿勒桑德罗·拉斯波利亲王的怀里，所以去见教皇迟到了二十分钟。教皇为了表示责备，让她等了同样长的时间。——原注

人高兴，但是法国的欢迎可比不上她在西班牙受到的欢迎。没有任何令人难以忘怀的事情，没有任何令人心情激动的活动。只有在拉丁美洲圈子的招待会上，爱娃才感受到了她所习惯的那种尊敬的表示。东道主向她一一介绍南美洲的外交官，他们都没有忽视对一个心血来潮的漂亮女人所要求的尊重。在这个场合，她穿戴了最华丽的衣服和首饰：一件饰有金箔片的紧身长袍，使她像一条美人鱼，一条金丝织的头纱，盖着在背部飘荡的厚厚的鬈发，颈项上、耳朵上、手腕子上和手指上（一切可以佩戴首饰的地方）都佩戴着分量很重的首饰，甚至在有金带子的皮鞋上都嵌着宝石。难怪南美的外交官们对她都以王后相待，妇女们对她都行宫廷的屈膝礼！

不管怎样，她还是感到满意，因为她能在最著名的缝纫店更新她的藏衣室，在发廊里享受最大的优惠。著名理发师安东尼奥说："爱娃·庇隆，据我了解，并不像她的悼词中所赞扬的那样，是劳动的殉难者、穷苦人的保护者、老年人的太阳、孩子们的善良天使，而是上流社会的一个女性，其唯一关心的是她非常昂贵的穿着打扮。不过她并不因此而缺乏魅力，更确切地说是不缺乏诱惑力，尽管她的权威清楚地表明，在家里她大权独揽，正如人们所说的那样。"

安东尼奥还说："1947 年 7 月某天的上午 11 点钟，我正要外出，我的女经理叫住我，让我立即去里茨宾馆，爱娃·庇隆要一个人去那里给她做头发。

"'让我换件衬衣好吗?'我要求道。

"'赶快，总统夫人可不喜欢等待。'

"迎接我的侍女同样向我指出这一点。这大概是她在家里的一种癖好吧，因为爱娃·庇隆本人一出现，就觉得有必要提醒我要守时。我觉得她有着一对蓝色的眼睛，人显得挺美丽，尽管在她准备指责我迟到了时，目光变得挺严厉。她穿一件很合适的粉红色室内便袍。我显然到得正是时候，可以挽回我的过失。可是与我预想的相反，她并不在梳妆台前坐下，而是叫女仆领进来一大群帽子商人。她叫那些商人把他们的帽盒打开，然后走到一个五斗橱前，从一个抽屉里拿出四五张照片，交给我说：'你要给我做的就是这个，而不是别的。'那口气不容商量。我端详那些照片，上面是爱娃·庇隆的一个梳成发髻的发型，从正面、左侧、右侧以及从上和从下拍摄的。凭经验我知道，根据一个模特儿做一个发型，不管照片拍得多好，都是困难的。再说，这是一个相当模糊不清的螺旋状发髻。我足足需要一个钟头才能把问题研究透彻。我正要对这位女客户说明时，马上明白运气来帮我的忙了。爱娃·庇隆不再把我放在心上，而是对着一面镜子，一个一个试帽商们给她带来的帽子。从她那不屑的表情判断，那些帽子大部分都不中她的意。因此我有充分的时间来摸透我要完成的工作。

"我看看手表，已经到了正午。这回我可以对庇隆夫人说她迟到了，但是我开心地看着她摆出优雅的姿势试戴每一顶帽子。她一个一个大概足足试了三遍，还委决不下要哪一顶。她回过头，垂顾我还在那里。于是，这一回她十分和蔼可亲地请我帮助她摆脱尴尬的局面。'一个男人的意见总是有益的，'她对我说，'你能不能给我出个主意?'我回答我很荣幸，但我觉得有必要先知道，她打算穿什么衣服配这些帽子。她移步到另一个房间，随后和她的侍女一块儿回来。两个人手里都捧着下午穿的套装和晚礼服。从那些衣服的漂亮，不难看出它们都是来自巴黎著名的缝纫店。我把这位穷苦人的大天使昨天或前天在热尔梅娜-勒孔特、尼娜-里克西或兰文店买的这些衣服摊开在我面前。'咱们按条理办吧，'我说，'你的日程是什么?'她披露说她下午要出席一个记者招待会，然后有一个鸡尾酒会派对，第二天要去共和国总统府赴午宴，晚上出席观看巴黎歌剧院的一场演出。我建议她出席记者招待会时穿一套双排钮、香槟酒色的漂亮裙套装。她表示同意，拿起一顶深色的阔边女帽给我看。她觉得这顶帽子与这套衣服挺相配。我礼貌地告诉她，一顶更朴素但同样高雅的帽子更相配。我们从杂乱地摆在地上的二十五个帽盒里拿了一顶。爱娃·庇隆重新把这顶帽子戴在头上，然后把裙套装的上衣贴在身上的室内便袍上，看看效果如何。她向我点头表示可以。剩下的就是确定出席总统府午宴的礼服和去歌剧院看演出的礼服了。同样挑选搭配了一番。爱娃·庇隆顺从地接受了我的个人鉴赏力。

“衣服和帽子挑好之后，总统夫人似乎觉得让帽商们来一趟只买他们四顶帽子于心不忍，说‘我还是另外再挑选几顶吧’。我不知道她是否打算把这些帽子带回国去试戴，但确凿无疑的是，在征求我的意见之后，她又买了三顶。帽商们把剩下的帽子重新装好，收到一张支票后就退出去了。现在该处理发髻问题了。看到爱娃·庇隆心情这么好，我斗胆建议她根据出席午宴、晚会或鸡尾酒会的独特衣着，梳理个性化的发型。她觉得这主意不错，但又不想显得顺从，便请我对这几种发型每一种都具体介绍一下。我对她进行解释，但看得出来她并不完全明白我想做什么。我用一支铅笔和一叠纸，画出我设想的每个发型。她需要时间考虑。啊，时间不长，顶多两分钟，她对着镜子，拿我画的图与她自己的脸进行比较，然后回到我面前，为了不失面子，对我说：‘你所设想的出席记者招待会的发型，咱们不妨试一试吧。’我便开始工作，做完之后，不难看出她对自己的新发式非常满意。已经是下午两点，就是说我在她身边待了将近三个钟头。我离开她时，她对我说：‘那么晚上七点，一言为定。’她已经决定让我为她做一个新发型去参加鸡尾酒会。

“当天晚上和第二天早上我又去里茨宾馆，帮助她准备出席爱丽舍宫的午宴和巴黎歌剧院的演出晚会。第三天我也去了，但忘记了是帮助她准备出席什么招待会了，我很难说服她放弃突然又回到她脑子里的梳发髻的念头。最后我感觉到，那么吸引她的并不是发髻本身，而是它的形状可以嵌上放在梳妆台上的两件珠宝。我终于使她明白，头发上嵌那么多珠宝有炫耀之嫌。一个像她这种地位的人不应该采取这种暴发户式的蹩脚方式。她接受了我的意见，我便为她做了一个适度而高雅的新发型。在我要离开她时，她请我再待一会儿，从五斗橱的抽屉里拿出几支铅笔和一个大笔记本，对我说：‘劳驾把你为我做的几种发型画下来好吗？如果你不觉得有什么不妥，我想把它们交给布宜诺斯艾利斯我的理发师，让他按你的示范做。我以名誉向你保证，这些发型他只给我一个人做。’”

这样，爱娃·庇隆直到去世为止，在阿根廷经常做法国式发型。

在里茨宾馆之后，出席凯道赛的盛大晚宴，接受荣誉勋章（7月21日），与议长凡桑·奥里奥尔一块出席朗布伊埃城堡的午宴，出席国民议会的招待会，参观埃菲尔铁塔、巴黎裁判所附属监狱、卢浮宫、拿破仑陵墓和凡尔赛宫，会见外交部长乔治·比多和彼埃尔·芒代斯·法朗士、爱德华·埃里奥（众议院议长），参加巴黎勒孔特那边的圣母院的官方弥撒，出席加尔尼埃宫的晚会……爱娃·庇隆演出了“女子马拉松”。如此这般的日程安排，使人们更好地理解了外长夫人苏珊娜·比多为什么在其作品《我没有忘记》里指出她脸色苍白：“庇隆夫人漂亮吗？我倾向于肯定。我丈夫不同意这种看法，我觉得他太挑剔。的确有某种东西损害她的美貌，某种在照片上看不出来的东西。她那金色的秀发下面有一张苍白的脸，而且不想任何办法加以弥补，因为照她自己所说，她的忏悔师允许她用口红，但不允许她在面颊上抹任何红色。”

巴黎的行程一结束，她立刻去戛纳和比亚里茨休息了几天，然后赴瑞士。在瑞士她受到最有失脸面的接待。瑞士不像西班牙、意大利和法国那样渴望接待她。她一出火车站，就有人向她所坐的汽车扔石块。走得更远一点，又有人劈头盖脸地向她扔烂西红柿，砸在她的长袍上。爱娃面无表情，脸色苍白，默默地忍受着这种侮辱。官方向她表示歉意。于是她缩短逗留时间，去圣莫里茨休养了两天。她在瑞士的逗留引起了许多猜想：她是否会见了一些银行家，是否在一个秘密账户存了一笔财产？她没有正式在瑞士开任何银行账户，人们不能指责她盗用了任何公款。在小人物们眼里，在一个腐败盛行的国家里，爱薇塔从来没盗用过纳税人的一个比索。可是，美国历史学家格伦·因菲尔德肯定，爱娃在瑞士逗留期间，获得了一笔纳粹财产。爱娃头一回听说由鲁道夫·路德维希·弗劳德转移到阿根廷的第三帝国的一笔钱。在他们到达阿根廷的时候，由弗劳德管理纳粹资金，负责把它们存入阿尔曼银行，并由亨利希·多尔格协助他完成这项任务。爱娃伙同她丈夫说服弗劳德和多尔格，在等待博尔曼到来期间，把钱存在她的名下更加安全，也符合大家的利益。事情就这样办了。博尔曼没有来阿根廷。庇隆任命自己为外国财产的管理人和监护人，私下抱定的打算是，在适当的时候通过没收的手段，把这笔钱据为已有。爱娃呢，则说服弗劳德和多尔格忘了这件事，而这两个人还自认为是博尔曼信得过的仅有两个保管人。

一位当代阿根廷记者马尔蒂内兹甚至提到在苏黎世的一个账户。爱娃在这个账户里拥有一千二百根金条和银条、七百五十六件银器和金银器、六百五十枚戒指、一百四十四件象牙制品、价值一千九百万比索的项链、白金胸针、钻石和宝石；此外，还有与在逃的独裁者即

与姐姐艾尔曼达形影不离

胡宁圣心学校的穷女生

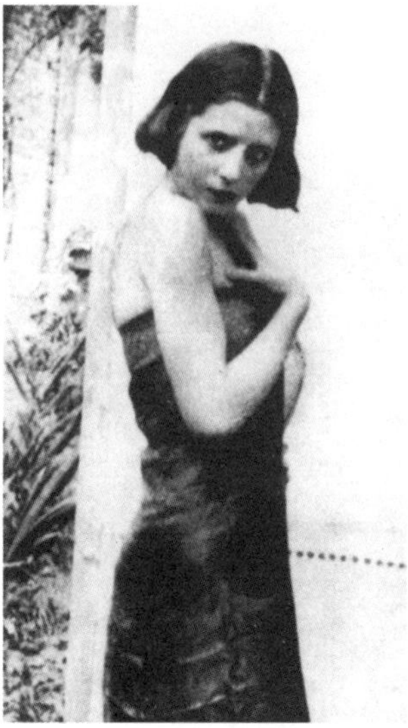

一心梦想上布宜诺斯艾利斯的少女在15岁时梦想成真

从1935年起她开始学演戏，1937年拍了她第一部电影

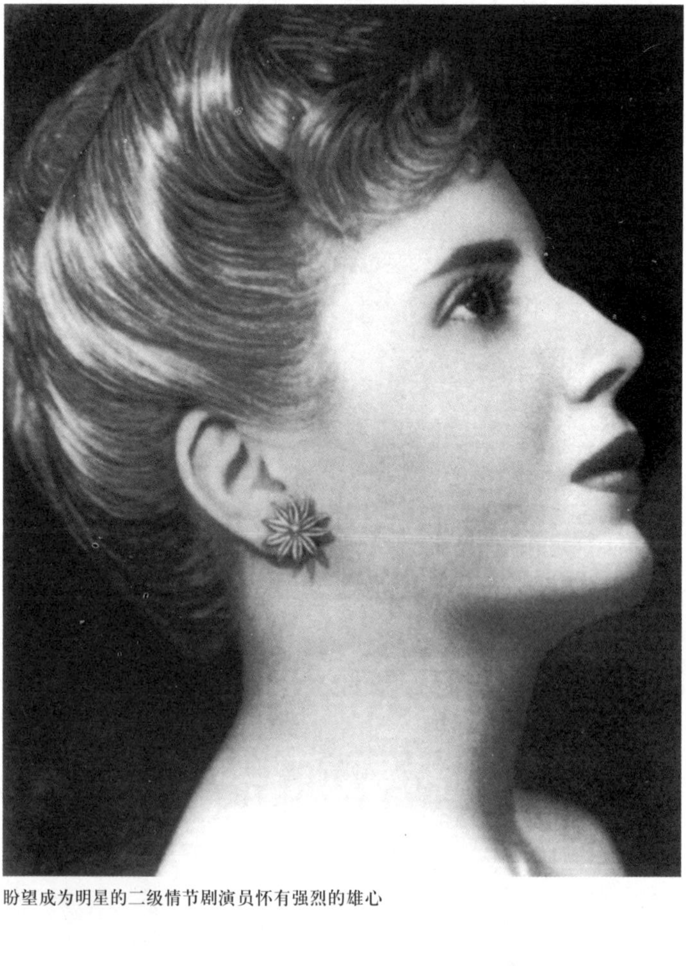

盼望成为明星的二级情节剧演员怀有强烈的雄心

她利用每周的广播节目为庇隆作宣传

1945年10月21日她嫁给庇隆将军后，认真地扮演阿根廷第一夫人的角色

她很快就铁腕掌握了媒体，那些没有给她唱赞歌的人要倒霉了

1947年，她在欧洲之旅第一站——马德里大获成功，佛朗哥像迎接王后一样迎接她

她访问罗马并觐见庇护十二世

病入膏肓、几乎变了样的爱薇塔向群众致敬

圣爱薇塔虔诚的形象

1952年6月最后一次公开露面

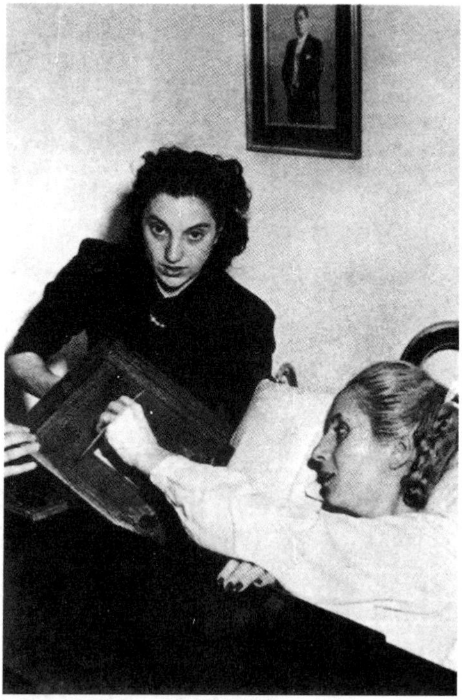

爱薇塔在临终的病榻上第一次也是最后一次投票

1952年7月26日去世

她丈夫共同拥有的不动产和一些农业机构的股票，经司法方面估算，价值达一千六百四十一万比索。据这位记者说，以上首饰和财产是税务机关1955年没收的。无论是革命解放政府悄悄进行的外交考察，还是情报机构或其他机构进行的深入调查，都没有发现胡安·庇隆、玛丽亚·爱娃·杜阿特·庇隆、他们各自的家庭成员或可能的傀儡名下的其他账户。“瑞士是一个我不喜欢的国家。我不喜欢杂种国家。瑞士是世界上罕见的我不了解也不想了解的国家。我想瑞士是所有强盗聚集的国家，因为它是‘窝主国’。窝主就是购买盗窃来的东西的人。瑞士是一个庇护强盗的国家，是强盗们窝藏他们盗窃来的所有东西的地方。”庇隆的这段话，不是应该视为反话吗？

下一个要去的是英国。可是爱娃遭到了不堪忍受的失望。几天来，她一直在盼望知道自己能不能去白金汉宫小住。7月20日回答来了：伊丽莎白女王如能接待她饮茶将感到很高兴。再也没有别的任何表示！对爱娃来讲真是一记无情的耳光！她梦想与女王一块儿住两三天，而不是旋风般像一个乞丐从白金汉宫经过一下。她怒不可遏，甚至没有理睬这个侮辱性的邀请，就决定尽快打道回国了。但是她心里还存着扭转这股失败之风的希望。归途中她决定在里约热内卢停留，此时那里应举行一个有关南美洲防务的重要军事会议。全世界的目光都集中在里约热内卢。她如果跑到那里去，闪光灯肯定会集中对准她……

因此她从瑞士去里斯本，搭乘8月10日去布宜诺斯艾利斯的船。8月17日在里约热内卢下船，她在科帕卡巴纳宾馆过夜。从第二天开始，一位正在出差的女使节的紧张节奏又开始了：参观坎德莱利亚教堂，观看马术比赛，出席私人午宴……在参观了参议院之后，又出席报业巨头罗伯托·马兰霍在其私邸为欢迎她而举行的晚宴。第二天，她在荣誉包厢里坐在议长旁边听马歇尔向外交部长们发表演说。当她到达新政治会议的会址金坦丁哈宾馆去听马歇尔演讲时，群众急不可耐地等待着她。人群窃窃私语，一方面对她迈着高傲的步伐穿过两排戴红大盖帽的警察表示敬佩，另一方面对这位大胆的总统夫人竟敢插手作为各国政府首脑的男人们的问题表示好奇。当乔治·马歇尔结束演说时，外交部长拉维·费尔南德斯把他介绍给阿根廷第一夫人。第一夫人满面春风地为美洲各国之间的友谊干杯。

接下来，她又在蒙得维的亚停留①，最后她累得筋疲力尽了，才踏上归途。8 月23 日，为了欢迎她出访归来，首都像过节一样装扮一新：通衢大道两旁摆满了鲜花，挂满了在阳光下光彩夺目的旗帜。庇隆举行了一个欢迎她归来的盛大招待会。自从她出国之后，报纸不断地历数她所获得的荣誉。工人们自豪地奔走相告："全世界都仰慕我们的爱薇塔!"所有阿根廷人都为他们的第一夫人感到骄傲。他们知道她受到过一些侮辱并认为那不是针对她个人的，而是针对阿根廷的。在那些时候，她表现了勇气和尊严，她的同胞们因此而更加敬仰她。的确，欧洲之行赋予了爱娃国际知名度，产生了出乎意料的反响。爱娃是她丈夫的代言人，现在人们发现此次欧洲之行的动机之一是：仅仅她在旧大陆各国首都的出现，就赋予了庇隆主义的主张在布宜诺斯艾利斯难以获得的现实性。全世界的报纸都强调爱娃的言行所表现的尊严消除了一切偏见，她所发挥的作用超过了一切希望。一家杂志把她比做罗斯福夫人，《时代》周刊把主要的文章献给她，并且在其 1947 年7 月14 日的封面上披露了一个不同寻常、令人困惑、气质非凡的女人的生活。

爱娃·庇隆从欧洲归来后，思想更坚定了，但也变得更加激烈、

① 在蒙得维的亚，她终于受到贵族阶级几乎盛大的欢迎。她对乌拉圭保护儿童协会表现得很慷慨。在离开时，她的支持者们举着耀眼的火炬直到港口列队欢送她。——原注

更加严肃了，因为她发现在盛况与荣誉的后面，隐藏着人类苦难深不可测的深渊。这更坚定了她实行全方位社会救助的愿望。“我给欧洲带去了阿根廷劳动人民精神方面的信息：阿根廷劳动人民正在建设自己伟大的国家，而不是在骨肉相残的徒劳争斗中相互对抗……是自私而冷酷的资本家们渴望战争，不愿意看到实现社会主义，担心他们庞大的利润哪怕是减少一点点……我游历了旧大陆，看到了老欧洲在一幅恐怖图景之中所显示的痛苦、困难和贫困。”她忠实于自己的座右铭“爱娃信守诺言”，所以安排给西班牙和意大利运去了小麦，给法国运去了食品和衣服。在阿根廷看来，从此爱娃·庇隆觉得自己已经准备好了，就要开启一项这个国家见所未见的、荒谬的“人类团结”的事业！

第七章

醉心于权力

爱娃·庇隆回到其阿根廷国土上所引起的反响之广，今天是难以想象了。在大教堂里举行了一场感恩弥撒，向湛蓝的天空中放飞了一大群按阿根廷习俗染成玫瑰色和蓝色的鸽子。几架飞机在城市上空撒下系有世界上所有颜色的彩带的橄榄枝。爱娃的报纸《民主报》用四版即一半的版面刊登了她的照片。即使刚刚在西方世界建立了和平的将军或政治家，都不可能受到如此的礼遇。庇隆主义报纸《号角报》宣称："爱薇塔为自己的国家所做的事情，是任何使节从来都没有做过的。所有国家都期待她带来爱与和平的信息，期待她大声疾呼主张在世界上结束贫困和饥饿。"反对派徒劳而固执地否认爱娃对普通人的影响。这种影响堪与过去许多世纪欧洲各国君主对其人民或好莱坞明星和棒球冠军对某些美国人的影响相媲美。

当然，高等住宅区电影院里的新闻片，放映的是她到达时引起一片嘘声的场面（这将导致一些电影院被关闭），或者她到达时受到的迎接是冰冷沉默的场面。因为反对派并未放下武器。慈善协会高雅的夫人们不愿意与这位夫人交往。爱娃在知道她们持保留态度后，立刻大发雷霆。这一回可是太过分了，超过了限度。这一天还没结束，慈善协会就永远地被解散了。为了使报复做得彻底，她立刻成立了玛丽亚·爱娃·杜阿特·德·庇隆社会救助基金会。她接待所有人，倾听所有声音。铁路员工来向她要求增加40%的工资，她给他们增加50%；她同意电讯工人增加70%工资的要求，他们提出这个数字本来是希望能得到一半的。1947年9月份，她决定所有人的工资增加40%，尽管国家正经历着可怕的经济危机。她背后有整个总工会的支持，工会运动成了政府的一个工具。不过她最重要的行动堡垒是社会救助基金会。

所有最现代化的医院及所有廉价住宅、幼儿园、学校和养老院都属于爱娃·庇隆基金会。它拥有全国最大的护士学校、妇女之家、学校、儿童村、娱乐和度假中心，还拥有社区食品杂货连锁店。圣诞节的时候，它向阿根廷儿童分发从洋娃娃到自行车等五百万件玩具，向父母分发四百万瓶苹果酒和潘趣酒。每个阿根廷人都按自己的能力分担这个基金会的份额，就是议会也不能拒绝给为孩子们举行的一轮足球联赛拨款一百五十万比索。所投入的款项自然数额巨大。庇隆本人与一位美国商人谈话时，提供实有资本的数额为二十亿比索。可是爱娃始终拒绝公布一份资产报告。她说："当一种事业是来自心灵时，就没有必要做一份资产报告。"

她为之付出了自己的健康和生命的这项庞大的事业，使她受到群众的崇敬，但也给她招来了强烈的敌视。她在演说和行动中都表现得狂热而激烈，对拒不理解她的人则毫不宽容，哪个企业不愿为她的基金会分担份额，她就让它破产倒闭，哪个人影射她的个人财产——她在瑞士、乌拉圭和巴西的不动产以及她大量的珠宝、衣裙和毛皮，她就让他倾家荡产。可是她最凶恶的敌人是在军人集团里。

爱娃插手一切。在庇隆将军美丽的金发妻子的命令下，阿根廷政府进行了音乐舞蹈改革，建立了严苛的审查制度。主管部颁布的一项法令规定，今后公共歌舞厅——如果是知名的——和私人沙龙里的舞蹈音乐，其创作者必须至少有一半是地道的阿根廷人。法令规定“颓废的乡村舞蹈”——桑巴舞（巴西的民族舞蹈）、狐步舞、拉斯帕舞、康茄舞、比基舞以及仿效它们的舞蹈，统统不准再跳。布宜诺斯艾利斯的青年人都很沮丧，仅有的阿根廷民族舞就是探戈和“改编成阿根廷式的”华尔兹舞。不错，有切拉民谣舞，久远的祖先似乎曾经在潘帕斯草原的前哨跳过的舞，可是如今谁也记不得了！一位职业舞蹈演员宣称：“我们没有民族舞蹈。探戈舞是向那不勒斯移民学来的一种西班牙舞的大众版。切拉民谣舞本身只不过是源于波希米亚的一种舞，是在金银币制作的手镯和项链发出的响声伴奏下跳的。我们将之称为‘阿根廷’舞，是因为波希米亚妇女身上所佩戴的叮当作响的硬币发出银（argentin）[①] 铃般的声音。如今为什么要禁止那些大部分阿根廷人都善于跳的舞呢？”

一位据说受到爱娃·庇隆启发的记者用如下的解释来回答：“实际上禁止的主要是盎格鲁-撒克逊舞蹈，因为美国和英国是一个与阿根廷人的精神教育不相干的世界。我相信，政府绝不会反对我们为找到一种欢快活泼、富有生命力的舞蹈，去向某个拉丁民族借鉴。”在阿根廷为数众多的意大利人立刻加入竞争行列，同时推荐了福尼古利-福尼古拉舞和塔兰泰拉舞。可是这一推荐并没有激起夫人的热情，她觉得曼陀林的音乐太柔弱。“去寻找别的东西吧。”她对向她推荐的人说。可是，“别的东西”没有找到，阿根廷的所有舞厅就像被判了死

① 法语里形容词“阿根廷的”和‘银的”词形完全相同，为“argentin”。

刑一样沮丧！

1949 年以前，她的社会地位已经允许她拥有数量惊人的珠宝。她拥有的钻石项链、红宝石、绿宝石、蓝宝石、黄玉等项链，已经数不清。她像一位真正的珠宝商，把她的所有首饰放在一间 18 世纪的法国式小房间里。爱娃也非常喜欢毛皮。与她的卧室相邻的一个房间放着她的大衣、毛皮长披肩、披巾、水貂皮外套、貂皮、毛丝鼠皮、白鼬皮……爱娃根本不数有多少！对自己的穷人们，她说："我购买珠宝，是为了防止富人们买走。一切都是为了你们。有一天，你们将继承我的全部收藏！"法国女摄影师吉泽尔·弗洛伊德获得了特权，使阿根廷时髦的圣母爱娃奢华的私生活永远留在人们的记忆里。"世界应该看到我所拥有的东西！"爱娃一边大声说，一边打开她的化妆间和首饰盒。吉泽尔·弗洛伊德惊愕不已。一个月以来，庇隆夫人一再推迟答应的会见。突然，穷人们"善良的天使"要求收回她那些无意义的话。爱娃·庇隆恬不知耻地炫耀她的财宝。"这就像蓬巴杜夫人飞黄腾达的时候。"吉泽尔说。新闻部长感到不安，想弥补爱娃的过失，收回所有底片。吉泽尔跑上飞往蒙得维的亚的头一班飞机，拯救这篇历史性的报道。它将发表在《生活》杂志上。麦卡锡主义分子们谋求禁止这位女摄影师在美国逗留。

爱娃每年的花销，仅仅衣着而不算首饰，据估算就高达五千万旧法郎。她从哪儿弄到这么多钱呢？在 1949 年，这是一个最好不要大声问的问题，如果不想永远待在监狱里去思索答案的话。在阿根廷，人们很快明白了这一点……为了安生，宁可付出。爱娃相继建设了女职工之家和儿童城—— 一座在布宜诺斯艾利斯占地两公顷的儿童城。她关心青年专业劳动者的职业培训，为青年工人们建设了一座大学城。妇女、儿童、老年人和青年人是总统夫人的恩赐的受益者。她不墨守成规，声称传播“社会革命”。

事实上，她是一位巨富，不久就掌握了巨额财富——相当于希腊船王奥纳西斯或美国石油界亿万富翁保罗·格蒂的财富。人们说她是“20世纪最有权势的女人”。自称是“阿根廷第一萨玛丽泰娜”的女人，用一句毫不含糊、相当令人不安的简短的话，对一切作了辩白：“没有狂热，一定行之不远。”她的权势大得吓人，令人生畏。

她的矛头就是她的基金会。野心勃勃、足智多谋、充满自信、粗暴激烈，特别渴望主宰男人，爱娃·庇隆巧妙地把狂热的战斗精神和社会事业混为一谈。通过用于帮助穷人的基金会，她建设了一些住宅、幼儿园、学校、医院、护理中心、休闲中心。她创建了一个社会事务、教育和公共卫生超级部，整个部只有唯一的一个领导人，就是爱娃·庇隆！她很厉害，为了向她的所有事业提供资金，她建立了一套强制企业领导人纳税制度（她使企业领导人纷纷破产，而企业领导人则蔑视她）和劳动者自愿捐助制度。此外，她要求抽取赌场、赛马和彩票收入很大的一个百分比，不消说当然还有所有增加的工资头一个月那臭名昭著的什一税。

她动辄暴跳如雷，尖声叫喊。这反映了她的天性，既不知道何谓宽恕，也不知道何谓非理性。事例嘛！当她寻求担任她不堪用途的角色的途径时，凡是不承认她的人都会遭到惩罚和清除。她罢了教育部长的官，因为他拒绝给受她保护的一个不及格的学生颁发文凭。她一直梦想打开贵族阶级的大门，在访问法国期间，要求阿根廷驻法国大使将她介绍给罗茜塔·邦贝格（出身于阿根廷最富有的家庭之一，成了加奈侯爵夫人）。爱娃没有受到接待，很不高兴，将会进行报复，试图毁灭罗茜塔·邦贝格家族。

在传记作者和精神分析学家看来，妒忌、野心、渴望把权力掌握在自己手里、算计、心胸狭窄、贪婪和要为自己的童年算账的顽念等等，似乎才是她那令人难以置信的精力取之不尽的源泉。甚至“超人”庇隆也是由她操纵的一个棋子、一个木偶。她从来没有感受到爱情和情欲，她只是受到报复的驱使。

的确，从1949年起，爱娃的性格变了，她的外貌也变了。她穿着很正规的裙套装，首饰戴得很少，头发更往后梳，挽成一个低低的垂在后颈上的发髻。她那张脸表情冷冰冰，更像一张面具，再也见不到那使她非常妩媚的灿烂的笑容。她变得专横，以全部精力奔向唯一的目标：成为一个女政治家。由于对权力的渴望，她现在需要更强烈的饮料。看上去她显然是爱庇隆的，然而她好像又处心积虑地使他黯然失色。她对丈夫和对阿根廷人的态度奇怪地变得暧昧起来……因此，她以一种不正常的自鸣得意的态度，接受人们把她奉若神明……

所有人，包括传记作者和密友，都认为这些与性的因素关系极大。爱娃无疑有着撩人的美貌，可是种种迹象表明，性并不是她与庇隆的婚姻的起因。她是否像有人假设的那样患有性冷淡？不管怎样，那位五十多岁的将军虽然大胆放肆，在这方面恐怕没有能力吸引她。爱娃不懂得爱，如果我们赋予“爱”这个字通常的意义的话。她的传记作者之一乔治·卡普斯蒂斯克写道：“要想在爱娃·庇隆的生活里找到爱，不应该到她的新老朋友们那里去找，甚至不应该去他们夫妇之间去找。这是一种奇怪而冷漠的结合，其中极少见到感情的表示，至少在公开场合是这样。要想在爱娃·庇隆的生活中找到爱，应该保持距离，远远地看。这样我们便能欣赏到，乱哄哄地来自她的人民的一种模糊而巨大的热爱、仰慕和崇敬。”

人们也许可以想象，爱娃是把庇隆等同于那位拒绝认她的父亲，在她七岁时就消失了的胡安·杜阿特。一位冷漠的父亲从来没有给她提供机会，让她表示对爱的渴求。这个四分之一世纪的空白，在她遇到庇隆那一天被填满了。她把庇隆理想化，向他倾注了她激流般的爱。后来对庇隆（多半是其象征而不是其人）的感情移注于一种抽象的概念，即阿根廷人民。有一天，爱娃将借助于庇隆，在垂死的痉挛中把自己交给她的人民。

1946 年是夺取权力。1947 年是她的欧洲之行。1948 年对她来讲是权力既得之年。1949 年是她的党创建之年，是内讧和以权力做赌注的一年。1950 年和 1951 年是盛极而衰之年。是在 1949 年，庇隆在爱娃的口里变得一点也不逊色于“太阳”。这种变本加厉的颂扬本身就引起怀疑：她不断地更加崇敬庇隆吗？她对庇隆的爱在无限地加深吗？一位阿根廷女士阿莉西亚·杜若夫纳·奥尔蒂兹指出：“尽管这显得很奇怪，但她那些偶像崇拜的表示都是真诚的。她把庇隆视为最天才的政治家。在颂扬他的同时，她恢复了自己的平衡，从传说方面夸大在现实方面萎缩了爱情。为什么要如此夸大呢？这是她的天性决定的。再说，不通过夸张，怎么掩盖她幻想的破灭，同时掩盖自己面对他那种有罪的感觉呢？因为，她越是野心勃勃，就越是觉得对这个在暗中搞鬼的奇怪的太阳有罪过。”

在这种对权力的沉醉之中，并非一切都是假的。她在 1948 年就采取了五花八门的许多措施。使国家得益的就有教育部秘书处（1948 年 2 月 16 日）、文化部秘书处（3 月 2 日）和运输部秘书处（6 月 28 日）的成立。4 月份的选举巩固了庇隆在差额选举（4 月 8 日）中的胜利。在铺张浪费和大出风头的同时，相继建设了一些综合诊所和门诊部（总的情况还是肯定的：1943 年有医院七家，1949 年达到一百一十九家，包括庇隆综合诊所。从 1943 年到 1950 年建成了四千所学校）。莫德·萨卡尔·德·贝勒洛什回忆了一些非凡的场面：“爱娃向来访者散发比索，根本不计数额。当她再没比索可散发时，她就让那些穷人给她作证：'听我说，我嘛一个铜板也没有了，不过我会向那些人索取，你们看见没有？那些打领带的！喂，把你们的钱给我，看你们的模样，一定赚得不少。再说，你们在和我们走到一起之前，才拿多少工资？'工会干部阿马多·奥尔莫斯讲述了一个典型的场面：当国内的穷人代表团来向她请求帮助时，这些代表团常常发现爱娃没有钱。她平静地说：'你们看到了，我这会儿没有钱了，不过那里，前厅里的那些先生有。'她向那些正在等候接见的部长和议员走去，对他们说：'先生们，人民需要你们的钱。这里有一个盘子。请把你们钱包里的钱留下一点吧。政府给你们不少啊。你们完全可以拿出一些来。'所有人都打开钱包，掏出钱放在盘子里。这件小事传开之后，一些部长和显要就带着空钱包去见她，以免被她弄得身无分文。"

公共卫生系统前工会总书记阿尔马多斯·奥尔莫斯回忆说："我是1947年认识爱娃·庇隆的，那时我们行业内部发生了一次很严重的冲突。等我们陈述了我们的问题之后，当时也在场的总工会领导人想了结这件事。爱娃说：'不，现在我们要把所有的脓全挤出来，找到解决这个问题的办法。'我后来又和她接触过七八次。爱娃反应敏捷，能很快看出她的交谈对手想说什么。她根本不把文件和规章放在眼里。从这时起，我们就被承认属于总工会，可以放心地积极活动了。爱娃就是这样。"

庇隆主义的报刊大声宣布，庇隆实施了七万六千二百三十项公益事业工程，其中七万项在"国家的中心"。这个补充显然不太明确。反对派指责庇隆照顾城市而损害农村，让农村处于原始状态。在布宜诺斯艾利斯及其周边，人们到处能看到新的大街、公园、公共建筑、公路、桥梁和爱娃·庇隆基金会的所有漂亮楼房。可是当你搭上火车离开首都一段距离后，你就会看到农民并不比十年前生活得更好，所有的村镇也没有多少变化。阿根廷使用现代方法经营的农场都是乡村贵族的农场和由外国公司出资建立的大农场。如果说在这些农场里人受剥削，至少牲口享受到了最新科技发明的好处。庇隆用征收捐税和制造麻烦的办法，压榨大地主，甚至剥夺他们的所有权，“把土地还给耕种者！”正如庇隆许诺过的。

在爱娃·庇隆基金会，那简直是“圣迹区”[1]。阿尔图洛·若莱切回忆说：“有一天，我不得不稍许等了一会儿，才跟爱娃·庇隆说上话。记得我坐在请求爱娃接见的妇女们中间，突然我看见一个忠诚的激进分子抱着几个婴儿从我面前经过。那场面再滑稽不过：在婴儿的哇哇啼哭声中，只见职员们个个抬头观看，来访者等待着有神圣光环的爱娃接见，这个勇敢的人抱着婴儿走到我面前。我看着他想得到他的解释，他尖着嗓门对我说：‘有什么办法呢，大夫，如果这个女人是一个圣女！’他显然指的是爱娃·庇隆。”

奥利沃斯总统官邸前总管阿蒂利奥·伦济也回忆说：“企业都把赠送的东西装载好了，开始运送（有糖、纺织原料、布、衣服、皮革、鞋子等）。我们找到一个废弃不用的旧厂房存放这些东西。炊事员巴尔托罗、仆人桑切斯和费尔南德斯、女佣伊尔玛和我，我们把这个厂房叫做‘乐园’。每当庇隆去睡觉时，我们都习惯于和爱娃一块干到黎明，将商品打包。糖让我们吃尽了苦头。夫人把比纸口袋容量多得多的糖摊在地上。如果爱薇塔觉察到有人拿糖做不正当的买卖，就派人监视他，直到当场把他抓住。如果发生了这种事情，那个倒霉鬼就求告无门了。爱薇塔永远不会宽恕他。不过报纸根本不提这类做法，以免损害庇隆主义运动的威望……在总统官邸，每天要收到三千多封信。

---

① 旧时巴黎乞丐集中的地方。

我们有职员把各种要求分门别类，放在专门的格子里，所有问题都按类别和省份分列。‘妇女从来都被视为普通的奴隶。我们所有妇女都需要进行斗争，争取与男人平等的权利，与男人一样的职位。’在建立庇隆主义妇女党之前不久，爱娃这样对我说。”

一位美国记者向她指出，她没有为自己的慷慨留下任何印迹。她尖刻地回答说：“愚蠢透顶的话！这是资本家的想法！我嘛只管向穷人分发这些钱，可不想浪费时间去数。”说实话，对这种乱糟糟，没有会计的情况，她们是挺能凑合的，她是一位艺术家，青年时代曾经不得不一个铜板一个铜板地节省……扼要地说吧：她慷慨、摆阔，有点疯狂，没多少条理。就这些吗？不，还有连她的诽谤者们也无法否认的一个美德，就是她的工作能力加上坚持不懈的努力。为了确保自己能在社会救助基金会持续不断地工作，她消耗着自己的体力、神经和美貌。“咱们赶快，赶快！”她用全国崇拜的沙哑的声音坚定地说。她从自己办公桌的抽屉里抓起一把五十比索一张的钞票，交到不幸的人们手里。

“圣迹区”，我前面说了！一个因为梅毒而豁唇的妇女走到她面前。爱娃怎么办呢。她在那妇女的嘴唇上亲了一下。诗人约瑟·玛丽亚·卡斯蒂奈拉·德·迪奥斯说他曾经试图阻止她，可是爱薇塔对他说：“你知道我亲她一下这对她来说意味着什么吗？”贝尼特兹神甫证实说：“我见过她亲麻风病人、肺结核病人、癌症患者……我见过她拥抱衣衫褴褛的人，帮他们抓虱子。”她的视觉记忆每每让人吃惊。“你嘛，我已经见过你了，”她对他们中一个人说，“不过我还是要给你点东西。不过，你要答应我不再这样。”这是上次来过的那位妇女，爱娃给了她应付给牙科医生的钱，可是这次她再来时，牙齿比任何时候都缺得厉害。

“为了给你治牙，我已经给过你钱了。你拿那些钱干什么去了?”

“我丈夫拿去了。”

“哦！他叫你再来，为了再把你的钱拿去？这样嘛没有钱。你就以本夫人的名义去看牙科医生吧，账我们给你去付。”

圣爱薇塔神话正在流传开。有一次她在图库曼省访问时，有一个台子向群众倒下来，压死了十五个人。她知道这次灾难之后，觉得自已间接地负有责任，坚持要去停放罹难者尸体的医院太平间看看。一进入太平间，她感到一阵眩晕，站了几分钟才恢复过来。然后，她不顾陪同人员的劝阻，要求一个一个看所有尸体的面部。她让自己经受这种考验，是为了磨炼自己的性格，同时消除刚才的眩晕造成她脆弱的印象。后来她可以毫不吹嘘地说：“我的恐惧心理早就无影无踪啦。”

阿谀奉承者和庇隆主义报刊开始尊敬地称她“夫人”，或者“爱娃·杜阿特·德·庇隆夫人”，抑或“总统夫人”，可是她更喜欢老百姓对她亲切的昵称“爱薇塔”。她说：“每年有几天我扮演爱娃·庇隆的角色，我想我扮演得越来越好，因为我觉得这既不困难，也不会感到不舒服。可是相反，我大部分时间是爱薇塔，这是人民的希望和庇隆的行动之间的一块跳板。”她最珍贵的希望，是有一天人民——她的人民会比怀念“夫人”更怀念“爱薇塔”。“我坦白讲，”她写道，“我有一个抱负，唯一的抱负，一个崇高的个人抱负，就是爱薇塔这个名字会忝列我的祖国历史的某个地方。我希望人们会提到她，哪怕是在一个令人赞叹的篇章之下一条小小的注释里，未来无疑会献给庇隆这样一个篇章。在庇隆身边有一个女人，致力于把人民的希望转告总统，让总统把人民的希望变成现实。我会觉得得到了极大的报偿，如果那条注释是这样结尾的：‘关于这个女人，我们只知道一件事，就是人民亲切地称她爱薇塔。'"

是在欧洲之行归来后不久，她产生了一个想法，要出一本书，讲述和解释她的生活和行动。可是由于劳累，再加上有病，直到1950年，事情才落实。被选择撰写第一夫人心里话的捉刀人，是一位西班牙记者，名叫马奴埃尔·佩内拉·德·西尔瓦。爱娃·庇隆的意图，是通过一部有倾向性、很女性的传记来解释她的政治立场。除了主要当事人，有好几位审查官不得不要求修改《我活着的理由》。拉乌尔·芒得斯建议增加第十一章，由庇隆本人撰写，题为《关于我的选举》。至于这本书的题目《我活着的理由》，公众议论说是总统夫人的忏悔师赫尔南·贝尼特兹神甫本人给拟定的。正如从1946年到1949年生活在总统夫妇身边的莫德·萨卡尔·贝勒洛什记述的："爱娃·庇隆是飓风，是善良感情和忠诚服务的风暴，它所过之处，席卷一切。在《我活着的理由》里，根本没有理智可言。这个尼采的女信徒不知不觉地奉行的原则是：'管他永远不永远，重要的是永远生龙活虎。'她的活力，是在她那可憎的童年、屈辱的少年和被玷污的青年时代锤炼出来的。她处心积虑地对男人进行报复，为了如愿以偿，利用庇隆作为跳板。她需要一个男人作为代言人来达到她的目的。碰巧这个男人是她遇到的她的'终生男人'。"

然而从1949年开始，气氛恶化了。各工会组织依然盲目地忠于她，可是军队在观察且疑虑重重……高级军官们从来没有真正喜欢过她，首先因为她是平民之女，其次是由于她使工会夺走了此前军队一直扮演的首要角色。1949年初，一批将军采取了行动，向庇隆提出最后通牒：爱娃应该隐退。庇隆不让步。难道他们忘记了，是他庇隆大大地提高了军饷，爱娃基金会不断地帮助军人家属？将军们似乎没有被说服，庇隆又提醒他们战士们多么热爱爱薇塔。如果高级军官们想要证据，那么他们就发动一场内战，他们就试一试看！话说到这个份儿上，将军们不得不低头。可是受到警告的爱娃要报复……

高级军官们被“请求”接待总统及其配偶，他们所有人都应该在妻子陪同下出席，一个妻子也不能少。他们应该向本国第一夫人祝酒，国防部长将发表讲话：“庇隆夫人来到我们中间，是要否认我们之间存在分歧的某些传言。”

自1949年初，她经常感到令人不安的不适（持续发烧，阴道出血），但她总是否认。她还是一往无前，工作越来越卖力。可是1950年1月9日，她去出租车司机工会新会址剪彩时，显得脸色苍白，还没就座，就一阵眩晕，倒在地上失去了知觉。天气很热，她太劳累……人们把她送了回去。五天后给她做了手术，按官方说法是“急性阑尾炎”。实际上，她血液里的红血球只有正常数量的三分之一。两年后使她丧命的疾病已经发展得相当严重。死亡开始骚扰她了。爱薇塔要赶快！

第八章
生活方式

不久一切都加快了速度。爱娃是性情中人，不是怒就是笑或是哭。她对人对事从不含糊，总是单刀直入，要求绝对忠诚，言行之间可能像个着了魔的人。她可能爱你，也可能恨你。爱恨同样强烈。她甚至开始视自己为女神。一次接受采访时，她就这样说过："有时我觉得孩子们、妇女们甚至男人们都崇拜我，好像我是一个神奇的人。几年以来，生活条件大大改善了，这些卑贱的人以为这是神干预的结果。有一件事可以证明这一点：7 月份有个孩子走近我请求道：'爱娃妈妈，请您赐福给我吧。'"爱薇塔便向她赐福。她疯狂地投身她的"事业"，因为她知道时间紧迫。医生发现她患了子宫癌，可是她拒绝治疗，因为她没有时间。她要把所剩下的时间贡献给她的"无衫汉"们①。庇

① 从 1946 年起，疾病就摧残爱娃。忠心耿耿给她治疗的医生们认为是竞选活动之后过分劳累，加上暂时性贫血和营养不良。他们发觉爱娃很消瘦，给她输了血之后，要她完全休息并卧床数日。可她根本不予考虑。她在卧室里接待来访，打电话发指示，对向她表示敬意的医务人员协会的护士们表示感谢，强调庇隆主义工会运动及深入改革的力量。可是 1951 年 1 月 15 日经美国癌症专家乔治·帕克的检查，发现她的癌症已发展到不可逆转的程度。可以进行放射治疗，但只能使生命延长几个月，顶多一年。这位医生建议病人接受一系列放射治疗并嘱咐她静养。——原注

隆呢？她很少见到他。庇隆每晚睡得很早，而她总要拂晓才回家。周末，庇隆喜欢给自己的皮靴打蜡、熨他的裤子、做他的蛋黄酱。他为妻子总那么忙碌感到遗憾，但接受她忙碌的成果，即爱娃给他带来的民望。这民望有如糖果，他总是品尝不厌。国库因为爱娃的挥霍浪费而空虚了有什么要紧，让工业家们、军队和反对派向深孚众望的穷人的圣母去抱怨吧！他以被动满足的心情接受群众的崇拜，把他的军服的纽扣擦得亮亮的，准备下一次竞选。

正如庇隆本人所讲述的："爱娃是阿根廷所有妇女的榜样。她们都效仿她。人民称她'希望夫人'。每当灾难降临，洪水淹没了她们的家园时，她们就说：'爱娃·庇隆会来帮助我们的。'她是她们在国家最高层的代表，总是能想办法让她们与她直接接触。这非常重要。她们知道她绝不会让她们失势，肯定她在一切方面都能拯救她们。她给了她们希望；有了这种希望，她们就更容易自救。她的确是一个不寻常的女人，有天赋，当然也具备条件完成落到她肩上的任务。因为光有天赋还不够，还要找到一个职位可以发挥她的天赋。没有这个职位，她本人就是一个不幸的人。如果她不是通过我找到这个能使她释放自己的能量的职位，她就是一个非常不幸的人。她有信念，我帮助她表达了她的信念，但不是我给了她这种信念。我遇到她时，她就已经有信念了。她心里如果没有这种非同寻常的信念，便会一事无成。她能从她所做的所有事情中引出教训。甚至当她是所有目光看和观察的对象时，她也在看、在观察。当人家观察你时，你还继续观察人家，这是很难做到的事情。她能够同时观察世界和她自己。"

庇隆主义妇女党的建立，是爱薇塔鼎盛年代最引人注目的时刻。1948 年至 1950 年间，每一天或者几乎每一天都会取得或大或小的新成就，从而使之成为一个有纪念意义的重要日子。拯救一个陷入困境的家庭，或者另一辆医院列车剪彩，对她而言是同等重要的事情。行善是不可估量的，自我牺牲是不讨价还价的。在决定性的这几年，爱娃在人民中间获得了如此巨大的声望，她掌握了几乎是无限的政治权力。

她在前进的同时，变得越来越野心勃勃，对权力越来越贪婪。当时她几乎是世界上最有权势的女人。她声称自己“只不过是雄鹰庇隆身边的一只家雀”，可是徒然，许多人都不相信。现在大家很经常地谈论以她哥哥胡安·杜阿特为首的“爱娃帮”。这个帮包括财政部长拉蒙·塞莱若、新闻部长拉乌尔·阿波尔德、教育部长拉乌尔·圣马丁和通信部长安格尔·博凌格希。这几个人的职位都是多亏了爱娃才得到的，他们都完全忠于她。

不过也有些反叛的，埃内斯托·萨马蒂诺就是这样。他居然胆敢向议会宣称：“我们在这里不是为了向某个蓬巴杜夫人卑躬屈膝的。”他遭到驱逐，流亡乌拉圭。作为势不两立的反对派，他在境外对总统、爱娃·庇隆和胡安·杜阿特提出指控，试图通过报纸和电台，唤起他的同胞们的疑心，要求议会成立一个专门委员会调查下列问题：

一、庇隆将军的个人财产以及他工资之外收取的金钱的明细账。

二、1943 年以来爱娃·庇隆的财产，仔细清查她在阿根廷和欧洲的银行账户、她的证券和股票、报纸、广播电台、产业、房屋、汽车、毛皮和珠宝。

三、1943 年 6 月至 1945 年 10 月国民银行第 9 支行 31106 号账户。

四、欧洲之行的成本及由谁承担的费用，爱娃当时在瑞士开的银行账户的真实情况。

五、胡安·庇隆自 1943 年以来所聚敛的财产。

六、庇隆竞选总统所花的钱的数额以及这些钱的来源。

七、拨给圣胡安的灾民的资金真正用到了何处①。

阿根廷共和国总统有两处官邸。位于悬崖上的旧宫温朱埃，面朝阿尔维亚尔大街和河畔的帕莱姆公园。庇隆夫妇中意地选择了这里，而不是位于郊区奥里沃斯的另一座古堡。他们常常邀请各省省长和党的头头们去那座古堡里无拘无束地野餐。男人们只穿着衬衫，爱娃充当家庭主妇，亲自监督蒸馅饼、煲汤、做冷盘、醋渍小黄瓜鹌鹑和其他餐前点心，主菜通常是烤全牛，这是阿根廷式野餐的正菜。

除了这两处官邸，庇隆夫妇还获得了一定数量的房产。1945 年，爱娃用她演电影获得的高额酬金，在科勒吉亚勒斯购置了一处旧房产，那里是比较偏僻的郊区，但与她当时的雄心是相适应的。她叫人拆除了那所旧房子，代之以一座别墅。这光靠她的酬金是不够的。那座别墅有一个冷房间，专门放她的毛皮衣服，别墅里装饰着绘画和艺术品，是由一位特派记者从欧洲搜集来的。每逢家里有喜事或生日，庇隆夫妇便来到这里，在“亲切的氛围”中接待客人。在另一个优美得多的郊区圣维桑特，庇隆购置了一处占地九十公顷的地产，在上面盖了一栋极其豪华的宅第。为此议会里展开了好几场吵吵闹闹的辩论，最后开除了一名反对派议员才算了结。这座宅第有一家电影院，庇隆可以在里面私自看并非全部公开放映的美国影片。宅第还有两个游泳池，一个是室内的，一个是露天的（安装有激发人工波浪的专门设备）。来自乌拉圭、厄瓜多尔和美国的建筑师、园林设计师和各行各业的专家，负责设计和修建。

---

① 庇隆登上总统宝座时，列了一份财产详细申报单，交由总检察长保管。他申报的有圣维桑特的一所房子以及继承他父亲的一小笔财产（可能是巴塔戈尼亚的产业中他的那一部分）。不知道爱娃申报了什么。不过有一个传闻：庇隆获悉她只申报了一百万比索，不耐烦地嚷了一句：“怎么，就这么多？”爱娃回答说：“是的，就这么多，其余的用于把你扶上总统位子了。”当反对派成员要求调查总统财产的来源时，人们郑重其事地打开了庇隆的财产申报表，但没有打开爱娃的财产申报表。庇隆申报他拥有圣维桑特的房产，可是这瞒不过任何人。因为一位上校的军饷竟能买下一处价值三百万比索的房产，真是不可思议。——原注

面对如此的财富炫耀，1947 年之后爱娃放低了调门。欧洲之行后，她大概厌倦了衣裙、毛皮和珠宝，因为她停止了炫耀甚至减少了她的头饰所用的人造黄金。她外表的改变与她新的角色相吻合。不过她继续喜欢并聚敛千百万的财富，这引起了议会里激烈的辩论。尽管在成为贝尔格拉诺广播电台的业主之前，她在该台得到一份可观的薪水，但她惊人的开销必然引起怀疑。

记者弗勒·考勒斯·迈耶讲述了在一次采访中，爱娃的考究多么让她惊愕：这一天爱娃穿一套海军蓝裙套装，披一条貂皮披巾，翻领上别了一朵美丽的兰花，精致的花瓣全都是钻石做成的。这朵兰花比真兰花大，至少有十二厘米宽，算得上一笔财富。为了衬托这身合适的套装，她戒指上嵌了一颗又大又圆的钻石，两耳戴了钻石耳坠子。据说她也喜欢毛皮，形式如大衣、长披肩或披巾，紫貂皮的、黑貂皮的、白鼬皮的、丝毛鼠皮的，颜色或天然或染成蓝色、玫瑰色……一天她感到不舒服，不能下楼去向来访者致意，便请他们到她的卧室里来待一会儿。他们看见她躺在她的玫瑰大床上，肩上裹着一件白鼬皮做的轻便女上衣。爱毛皮是她的致命弱点。爱娃差不多拥有上百件毛皮衣物，挂在她的冷室里。庇隆为妻子的衣服和首饰感到自豪，一套套、一件件是那样奇特，简直像是来自一座小凡尔赛宫。他殷勤接待哈伦·米勒时，就开心地一个一个打开爱娃的所有衣橱，笑着说："这不像一个'无衫婆'吧，你觉得怎么样?"1951 年与庇隆对立的主要候选人里卡尔多·巴尔班徒劳地向议会宣称："总统妻子的所谓社会公正，是改善她本人的经济地位。"

随着岁月的推移，爱娃的穿着越来越简朴，所戴的首饰也很少。然而，《纽约时报》的弗吉尼亚·李·沃伦注意到，她比任何时都更美丽："她黝黑的大眼睛、她的秀发、她苍白的脸色和她苗条的身材，令许多女人赞赏不已……有一天，她接见了好几位电影女演员，其中包括琼·方丹。很难说这些女演员和第一夫人谁更有诱惑力，谁更上镜。”然而，一显示出权威，爱娃就变得不那么有女人味了，她吸引男人的，就不再是她的魅力，而是她的权势了：他们向她寻求的，是确保他们自己的利益或者避免倾家荡产。她的表情说冷淡显然不够，应该说是“冷冰冰”的。她那张脸就像一张面具。有些人觉得这罗曼蒂克，可是另一些人寻思她是不是终于病了，尽管她精力很充沛。

然而自相矛盾的是，她让“无衫汉”们接受了她拥有数千件豪华服饰、无数双鞋子和稀有罕见、配得上一位王后甚或一位明星的珠宝首饰。更有甚者，劳动者们还会感到自豪，因为他们自己的一个女人以其首饰璀璨的光芒，使那些天生富有的贵夫人们黯然失色。某些专栏编辑肯定地说，一天晚上出席西班牙使馆的一次招待会时，庇隆请爱娃不要打扮得那么华而不实。爱娃便把彩色玻璃首饰统统留在壁橱里，叫她的裁缝给她找一条很朴素的项链，好配她打算穿的栗色和绿色晚礼服。于是庇隆夫人简朴地戴了一条小项链去出席使馆的招待会。她有一个习惯，总把项链含在嘴里，轻轻地咬住。由于项链上的颜色掉了，在公众面前摆出一副高傲神态的庇隆夫人，嘴唇被染成了绿色和栗色——项链的颜色。这个趣闻甚为可疑！

重新分配财富是庇隆主义的重要原则之一。不过在某些阶层，人们开始想：“如果说大家都平等了，某些人肯定会比另外一些人富有。”爱娃就正在变得非常非常富有……米盖尔·米兰达是爱娃有名的财政顾问。利用他，爱娃成立了一个药品和医疗器材进口公司，确保了她对这方面市场的垄断。还是米兰达，一直是米兰达，找到了最不费事的办法，从难以对付的人手里抠出钱来，提供给爱娃·庇隆基金会。这个基金会应该使总统夫人成为世界上最富有的女人之一。爱娃和米兰达有一个共同点：他们都非常不讨军队喜欢，军队千方百计想让他们远离权力。

1950 年 8 月，爱娃决定延长某些庇隆主义议员的任期。这些先生决定趁此机会送给总统夫人一件礼物。大家就选择什么礼物商量了很长时间，经过认真讨论，选择了一个带护身符的手镯子，护身符上刻有：一面阿根廷国旗、一个“无衫汉”、参议院、庇隆主义徽章、爱娃最喜欢的黑鬈毛狗和其他十来件各种各样的小玩意儿，这一切都镶有蓝宝石、红宝石和钻石。1951 年 8 月，庇隆和爱娃接见来通报他们已被提名为总统和副总统候选人的庇隆主义代表团时，大家在一起正式合影：康波拉抱着爱娃最喜欢的一只鬈毛犬，总工会书记埃斯佩若抱着另一只！

1951 年 4 月，荷兰女王朱莉亚娜的丈夫贝尔纳德亲王殿下到访布宜诺斯艾利斯，受到总统夫妇充满敬意的接待，亲王殿下授予爱娃橙色官大十字勋章，并送给她贵重首饰。咳！荷兰议会 1976 年对贝尔纳德亲王混乱的交易进行的调查表明，在这次访问阿根廷期间，他卖给了庇隆政府由沃克斯普公司制造的价值一亿美元的铁路设备。为了得到这份合同，沃克斯普公司预先将一千二百万美元回扣，划到了胡安·庇隆和爱娃在瑞士拥有的账号上。

1946 年 2 月 24 日胡安·多曼戈·庇隆取得政权时，接手了一个状况良好的经济。中央银行拥有一万六千六百八十亿美元的货币储备，世界对肉类和粮食需求旺盛。1952 年底，在庇隆政权的掠夺政策影响下，这些货币储备蒸发了，外国的投资者都被吓跑了。阿根廷发现，它在国外已没有任何信誉，在国内也没有任何储蓄。

庇隆、爱娃的哥哥胡安·拉蒙和他们的某些亲信不同程度负有罪责地侵吞、挪用和挥霍公款，如果说爱娃都不知情，那是不可想象的。

爱娃可能是同谋，因为她聚敛了一笔巨额财富（据说高达三亿美元），而且在她去世之后，这笔财富是她的家族和庇隆之间发生激烈冲突的根源。爱娃那本《我活着的理由》的捉刀人马奴埃尔·佩内拉·德·西尔瓦断言："我想这个可怜的女人被人利用了。我甚至相信，有时她是知情的。"佩内拉·德·西尔瓦曾经与庇隆夫妇亲密相处过一段时间，她的这个说法使人不禁要问：究竟是庇隆利用了爱娃还是相反？他们之间是否存在利害一致的默契并且演变为同谋？他们应该分别承担什么责任？

爱娃可以说是把自己的一生献给了庇隆，因为她深信这样就是为人民的利益服务。这一选择正是社会问题与政治、公共事务与私人利益、合法与非法、慷慨与专断混淆不清的根源。爱娃是个有血有肉的人，又受到促进社会公正的强烈愿望的激励，因此她在感情和行动上都表现得极为真诚，致使人们倾向于不强调腐败是庇隆政权的腐败，并且忘记她是腐败的第一个受益者。

第九章
女革命家

爱薇塔在其反叛、反习俗和妇女解放的政治斗争中，成了革命的典范。爱娃·庇隆不管做什么，都是对传统的挑战。不是她乐于与人冲突，而仅仅是因为，无论从哪方面讲她都是一位改革者，她来到的时代和国家有那么多东西必须改变，她不可能按别的方式行动。此前，人们都是以慈善的名义对贫苦人——几乎涉及整个劳动阶级——进行帮助。这种慈善是富裕阶层和名门望族的妇女怀着优越感播施的。爱娃·庇隆结束了这种做法，创立“社会救助”取而代之。这种社会救助是由她自己的官方互助基金会提供的，她在其中随心所欲地行事。

从1946年2月起，她就为自己的事业开了一个专门账户：9月份，她提交了关于《妇女权利法》[①] 的文本。1947年她以总工会的真正启示者的面目出现。1948年她创立了未婚母亲之家，赋予穷苦孩子度假的权利，建立了第一所护士学校和一所工人大学。1948年6月19日，

① 阿根廷妇女自1947年9月23日始有选举权。——原注

她为爱娃·庇隆基金会主持揭幕典礼。从此，她就想确保妇女的免费培训。自1948年8月起，所有老年人都领取了退休金。她支持发展体育事业。1949年6月开办了第一家工人综合诊所和孤儿幼稚城。1949年6月召开了庇隆主义妇女运动第一次全国代表大会。爱薇塔于是考虑关于离婚和承认所有非婚生孩子的新立法。不久在科尔多巴、芒多扎和布宜诺斯艾利斯建立了三所贫困大学生大学城。庇隆可引以为自豪的是1950年建立了五千所学校。

这个人物的旺盛精力相当迷人。可是她那旋风般的活动注定要毁掉她的身体。通过劳动部秘书约瑟·马利亚·弗莱尔和总工会总书记约瑟·埃斯佩若，爱娃掌控着与工人问题有关的一切事情。通过赫克托·康波拉，她了解议会每天辩论的情况，等于间接参加议会的辩论。爱娃也直接施加影响。她每周去广播电台做一次讲座，每天给《民主报》写一篇文章，到处发表演讲，还在一所庇隆主义学校“讲课”。她与米兰达、马罗格里奥、多德罗一块参加像卡特尔交易一样复杂的金融交易。她组建庇隆主义党，接见所有外交官，坚持不懈地对他们施加影响。

这个党成立的时候，她时时生活在压力之下。早晨八点钟甚至更早，就有享有特权的来访者在隔壁书房里等待接见。有时她不耐烦地从床上起来，也不打扮，就去接见他们，后面跟着成天在她身边忙得团团转的女佣和秘书。她接受记者采访，讨论工业、社会和政治问题。她喜欢喝咖啡，并喜欢给客人递上一杯咖啡，以不拘礼节的接待给客人们留下深刻印象。十点钟或者稍许晚一点（因为她常常迟到），她坐车匆匆赶到劳动部秘书处，那里有另外一些来访者和另外一些秘书在等待她。在那里，她接见面包商工会或出租车司机工会的代表、外省工会、带着请愿书来的北方马黛茶种植园主、一批大学生、一个犹太人组织、一家汽车进口公司的总裁和经理们。要在一个上午接见这么多人！她用跳动、急速、几乎狂热的声音对他们说话，听他们说话时则保持紧张的沉默。下午她回到办公室，身边跟着三四个秘书，桌子上堆满文件和表格。她望着排着队络绎不绝的农民：他们一个个被自古以来的奴役压弯了腰，满脸皱纹的农妇从头巾脏兮兮的镶边之间露出怯生生的眼睛，焦虑不安地看着她，大眼睛的婴儿像蚂蟥似的附在她们的裙子上；农夫们脚上拖着绳底鞋，干瘪的手指搓着他们黑色的帽子。所有人都向她陈述自己的疾苦：贫穷、疾病、饥饿、不公；所有人都坚信她无所不能。用于接见乞丐们的时间还没有结束，爱娃又急匆匆地跑到另一间办公室，那里等待着她的是几位外国大使、一位省长、一位女议员、一位银行家、一位神甫以及一二十个形形色色的来访者。她很快地离开这一批人去接见另一批人，在这里那里留下一句宝贵的话或一个友好的眼神。

她的活动并不限于首都，她会根据时下的需要跑遍全国。《纽约时报》1950 提到过她的日程安排的一个片段：一天，她驱车三百公里到达罗萨里奥，在那里作了三场演讲，为了个铁路工人住宅小区建成剪彩，然后回到布宜诺斯艾利斯；第二天，她乘飞机去距首都一千公里的圣胡安，参加一位省长的葬礼；第三天她像往常一样在自己的办公室，参加铁路工人和啤酒厂工人的会议，晚上又乘飞机去一千公里之外的图库曼。

在这种经常的马拉松式的奔跑之中，她总想接近卑贱者，对他们她既不吝惜时间，也不吝惜精力，向他们俯下她美丽的脸，倾听他们诉说自己的不幸，让自己的手上流满他们的热泪，印满他们的吻。她的支持者利用这种令人感动的态度大肆恭维她，她的敌人则说她是蛊惑人心。其实这种做法可能仅仅是想满足她对颂扬难以满足的需要。

至少在穷人那里，爱娃预料能得到真挚的感情。

大家都知道布宜诺斯艾利斯和奥利沃斯之间的一个铁路小站道口看守员的故事。这个小站是爱娃的总统汽车每天都要经过的地方。一天，这位道口看守员走到她的车旁对她说："夫人，我需要一所小房子，因为我要结婚了。"他的愿望得到了满足。第二年他又提出这个要求。几个月之后他再次提出这个要求。爱娃感到惊奇，下令进行调查，发现这个道口看守员同时与三个女人共同生活。爱娃对这类一夫多妻制问题十分敏感，她气愤得暴跳如雷："让这位想在铁路沿线建立一座后宫的苏丹滚蛋!"后来她宽恕了这个有罪的家伙，条件是他回到了一夫一妻制。

当爱娃说下面这些话时不知她是否还记得自己的家庭悲剧："正因为我了解穷人，了解剥削老百姓的富人和权势者的受害者们的个人悲剧，我的演说常常充满了仇恨和痛苦。例如当一个女人受到一个特权者爱的蠢话的哄骗后又被他扔在街上，像我经常做的那样真诚地大声疾呼也解不了多少恨，应该让法律无情地作出判决，让那个特权者付出应付的代价，受到应受的惩罚。"

在数代人之间，阿根廷实际上是由广有财富的地主阶级的代表统治的，或者是由与地主阶级相互勾结、致力于维持同样的社会和政治地位的军队统治的。在首都只有一个知识分子的小圈子，对这种压迫的传统不时提出质疑。请想象一下人们听到爱娃这样说所受到的震撼吧："我以穷人、无家可归者的名义说话，我和他们一起反对苦难的过去。"她站在布宜诺斯艾利斯总统官邸玫瑰宫的阳台上喊出这些话，加倍攻击富人阶级，攻击阿根廷的领导阶级。

爱娃被自己的过去所禁锢，无法忘却曾经在洛斯-托尔多斯和布宜诺斯艾利斯所受的屈辱。她首先怨恨的是男人，打心底里憎恶他们。

一天，一个年轻女工痛哭着来找她，因为一位贵族上前和她搭话，向她提出一些侮辱人的建议，然后哈哈大笑着转身离去。爱薇塔义愤填膺，说："我来得太迟了，没有能拯救被男人的利己主义毁掉的成百上千女人。"她对那些抛弃女人、对女人滥施淫威的男人绝不留情。一位年轻姑娘想见爱薇塔，基金会的一位接待员要求她先与他做爱，然后才能去见。爱薇塔知道这件事之后，气得脸色铁青，她把那个家伙开除了，永远不允许他再到行政单位谋求工作。

爱娃·庇隆平均每天收到一千件信函。这促使她成立一个秘书处，共有三十人，全部为志愿者，大部分是女人。来自最偏远地区的信函，经过挑选、分类，列入紧急部分的，立刻予以回复。爱娃尽量阅读更多的信件。她在回忆录里写道："对我来讲，重要的是这些信件有着老百姓的气味，而因为它们有着老百姓的气味，它们就有真理的气味。我深知，一封信不会比一张脸更让人上当。"一天，她读到一个女囚犯的信。这个女囚犯恳求给她几小时自由，让她去布宜诺斯艾利斯一家医院里看望她病重的母亲。爱娃向司法部长交涉，该女犯人便得以当天穿上爱娃送给她的一套衣服，去看望了她的母亲。

爱娃参观了女监狱之后，首创了一个人道主义政策：成立一些女囚犯的孩子们的托儿所，为她们开设发廊，实行职业培训，让她们干有报酬的工作。爱娃喜欢赠送缝纫机，在全阿根廷免费送出了五千台。她也向布宜诺斯艾利斯旧城区的妓女们的贫困开战，开设再接纳课，试图让她们从良。公共培训学校得到指示，要免费接受她们。她时时考虑创立一种社会结构，以保障妇女的尊严，承认妇女的公民权，反对卖淫，进行职业培训，争取机会均等。

爱娃·庇隆认为，总统夫人有权突破成见和习俗为她规定的荣誉性角色，致力于改善其他阿根廷人的经济境况和社会地位。由于历史特殊的偶然，她手里掌握有权力，可以推动并领导这种救助行动，她便尽可能地使用手中的权力。直到此时，几乎专门为男人——尤其是富家子弟保留的要塞，如大学，多亏了受基金会资助的奖学金制度，现在也向原来被排斥在大学之外那些阶层开放了，如工人子弟、年轻劳动者和来自偏远省份的中学毕业生等。总而言之，阿根廷的大学民主化了，上大学不再是少数人的特权。妇女在大学里也有了自己的位置。

她的行动是受到与穷人团结一致这种感情的影响。爱娃面对社会不公正的愤愤不平不是装出来的，因为她忘不掉童年时代受到的欺凌。

1951 年美洲国家间社会保险会议在布宜诺斯艾利斯举行时，爱娃·庇隆要求会议的报告里要包含“社会公正主义”一词。这是庇隆创造的一个尚无定论的词，似乎涵盖了社会公正、经济独立、政治自主这些已经相当空泛的字眼。美国代表指出，这个词在阿根廷之外没有人能理解。经过三个钟头辩论，只有乌拉圭、智利和秘鲁三个南美国家敢于投票反对爱娃的意愿。这样“社会公正主义”一词被采纳。当然，反对派声称她所建的医院、学校和××之家，不是建在需要的地方，而是建在已经有许多学校、医院和××之家的地方。至于在首都周边举行盛大剪彩仪式的一座座工人城，按照他们的说法，并不是为劳动人民建的，而是为庇隆主义分子中的红人建的，他们其实并不一定穷。更糟糕的是，在他们眼里，学校、医院建成并剪彩之后，有时由于没有财力而不得不抛弃。这可不是真的！

在爱娃不断施加的压力之下，她的基金会在布宜诺斯艾利斯、圣菲、圣胡安、芒多萨、萨尔塔、科莫多罗·里瓦达维亚、科连特斯、胡胡伊、卡塔马卡、图库曼、里奥哈、潘帕斯、恩特里-里奥斯、圣地亚哥-德尔埃斯特罗建了一些“家庭学校”。同时在圣路易斯、科尔多巴、潘帕斯、圣菲、查科、圣地亚哥-德尔埃斯特罗、恩特里-里奥斯开始实施建立农村学校的庞大计划。爱娃的抱负是建立一些样板学校，与旧的教育习惯决裂，让阿根廷人看到农村学校可以办成什么样子。“创建这类学校的深刻意义，”爱娃说，“是纠正不公正……我想，为了从儿童、老年人和卑贱者们心灵里抹去冷酷而卑鄙的寡头政治强加的一个世纪以来的屈辱所留下的伤痕，应该给予他们艺术、大理石和豪华，即可以说从一个极端达到另一个极端，不过这一回是让老百姓和卑贱者受益的极端……应该让寡头集团的孩子们，即使他们上最好、最贵的学校，也不比我们工人的孩子在基金会的‘家庭学校’里享受更好的待遇。基金会建立的小学是这类学校的样板：宽敞，设计合理，有大玻璃窗，有孩子们吃饭的餐厅，有游乐场、绿树和鲜花。”

最好还是表示支持总统夫人的首创精神。木木糖果是当时布宜诺斯艾利斯的孩子们的明星零食。这家公司的老板们被基金会“请求”免费提供十万包糖果，而他们却表示愿意以成本价转让。爱娃认为这种表示不够。该公司抗拒她的命令，直到有一天政府一位检查员来到工厂，宣布该工厂不合卫生标准。工厂被关闭，老板们破了产，还被迫向基金会缴纳罚金……人们不难理解，其他企业都表现得更能通融！阿尔帕加塔斯是著名的绳底帆布鞋品牌，农村几乎所有人都穿这种鞋子。这家公司也收到“请求”。它贡献了一万比索，在当时相当于两千五百美元。爱娃觉得这笔钱太少，予以拒绝。公司的经理们出到了十万比索。爱娃和蔼可亲地回答说：她更喜欢要一张空白支票。经理们恳求让他们确定款额。于是爱娃作出妥协，提出要一百万比索，经理们只好屈从。

阿根廷的法西斯主义？1950年7月3日，爱娃在科隆剧院举行了一个特殊的仪式，向一千位老年人颁发证书，使他们享受养老金。与此同时，人们在共和国的不同地方也做了这件事。爱娃宣称："有一天我曾对我们祖国的卑贱者们说过，社会公正无论如何都会实现的，如今我们正在证明这一点。我要向老年人表示敬意，向你们说，你们可以放心，哪里有爱娃·庇隆，哪里就有坚定不移的服务意愿。我的全部梦想，我的全部幻想，我的全部操劳，就是专门为我们祖国卑贱的人们服务。"爱娃·庇隆认为，社会救助是为不能工作的人所尽的集体义务，不管他们各自是什么社会出身。爱娃在多种场合表达的这种观点，使她跻身于现代社会保险的先驱者之列。

爱娃梦想每八分钟建成一套社会福利住房。这是一种她永远实现不了的速度。不过还是实现了一个可观的数字，建设了三十五万套社会福利住房。因此，1949 年 4 月，她为布宜诺斯艾利斯的埃泽萨机场附近的"爱薇塔小区"的落成剪彩；5 月份她为在圣地亚哥-德尔埃斯特罗的一所家庭学校和雷斯西滕西亚的一个老百姓住宅群剪彩。6 月份剪彩的有两个住宅小区、一所家庭学校和一条街道铺路工程。她还抽出时间视察了连接科莫多罗·里瓦达维亚和布宜诺斯艾利斯的煤气管道工程。11 月份，她赴芒多萨和科尔多巴，为多座建筑奠基。

爱娃·庇隆基金会要建完整的住宅。当一个不卫生的地方的居民全搬走了时，爱娃就要求去看如何将它摧毁。她下令把一切烧光。"我要看着一切全部结束。我需要让自已相信一切全消失了。你们知道这些人是出生在污泥里吗？今天夜里当他们躺在干净的被窝里时，他们还会怀念泥土的气味。我了解他们，他们会回来的，如果他们看到有一个屋顶或别的什么东西还没有拆除，他们就会留下来。"民众主义广施恩惠，圣诞节每个阿根廷人收到一份糕点和苹果酒及一张小小的爱薇塔名片。1950 年圣诞节，她通过广播电台向她的人民致词："今天，在五百万个阿根廷家庭里，人们用庇隆和爱薇塔的苹果酒碰杯，吃他们送的糕点。这样我们就与阿根廷的所有家庭一块坐在餐桌旁用餐。”这就使得她即使在最偏远的地方也深孚众望。爱娃可以理直气壮地说：“当有人问我更喜欢哪个名字时，我会爽快地回答，我更喜欢老百姓给我取的名字：爱薇塔。”

1951年上半年，爱娃赠送了两万五千栋住房和将近三百万个包裹，里面装有药品、用具、衣服、自行车和玩具等东西。穷人们为了见到她，天不亮就排队等候，有些人要等到第二天才见得着。她向他们提种种问题，包括他们的家庭、疾病，甚至爱情。在1951年这一年，她给一千六百对新人当了证婚人，其中一半已经有了孩子。那些非婚生的孩子令爱娃潸然落泪。

不难理解，当时阿根廷所有贫穷的少女都希望像她。生于西北部各省的半数姑娘都取名爱娃或玛丽亚·爱娃，没有取这种名字的姑娘，就模仿她的美貌的标记。她们用双氧水将头发染成金黄色，向后梳成一个或两个发髻。她们穿用可上浆的布做的喇叭裙，穿在脚踝处装饰链子的鞋子。爱薇塔成了时尚的标准，全国行为的楷模。这类裙子和鞋子虽然到20世纪50年代末就被抛弃了，但染成金色的头发却令富裕阶级也着了迷，日渐成了布宜诺斯艾利斯北部社区的妇女们特有的标记。

爱娃创建的养老之家闻名遐迩。“在我这些养老之家里，”她宣称，“任何弱势的人都不觉得自己是穷人。我取消了穿着不光彩的制服。在这里的花园、餐厅、卧室，一切都那样亲切、舒适、可爱……我取消了共同用餐的长桌、冷冰冰光秃秃的墙壁、乞丐的碗碟……在这里人们看到的一切、使用的一切，其形状和颜色都与任何富裕家庭里的东西一样。餐厅里的餐桌都铺着美观宜人的桌布，总是摆放着鲜花。一切都很充足，就像在由一位母亲或一位可爱的妻子操持的温暖的家庭里一样。墙壁令人愉快，颜色悦目且给人闲适之感，挂有闪闪发光、使人产生联想的画……”

阿曼达·阿仑孤儿幼稚城，专门接收二岁至七岁的孩子，是爱娃在1949年7月14日亲自剪彩的。这是在贝尔格拉诺社区一块两公顷的土地上建起的一座小城。它是按孩子们的特点建设的，有一座市政厅、一个警察岗亭、一个游泳池、一所学校、一个马戏场、一座小教堂、一家银行、一家药店、一些商店和面包店……它由选举产生的一位市长管理。一位银行家管理和分发内部货币。建筑师们严格地按爱娃的指示行事："这座幼稚城是大城市里享有特权的一角，就像一个想象中的国家缩小的首都，所有房屋的露台都刚好与树木最下层的树枝一样高，在每个拐角处都看到一些跳法兰多拉舞的小人，或者一位坐在水晶四轮马车里的公主。"

这项有点幼稚的成就使她遭到最严厉的抨击。当时一位匿名的见证者后来尖刻地写道："这个小村庄和这栋主要楼房有两个共同的特点：无论在集体宿舍里还是在微型卧室里，无论在真正的教室里还是小村庄的学校里，无论在内院还是在微型木屋周围的草地上，都见不到任何损坏的痕迹——打蜡的家具没有任何擦伤，椅脚间的横档上没有任何鞋印，没有打碎或修理过的小摆设或玩具，没有一根倒伏的草，没有任何挪动过的床罩。总而言之，在这座房子里没有任何生命的迹象。相反，在所有房间甚至走廊里的所有墙壁上，都挂着爱娃和庇隆的肖像。人们几乎感到吃惊的是在小教堂的祭坛上没有看见他们的肖像，因为在所有床头的墙壁上，他们的肖像取代了耶稣受难像和圣母画像。所有这些细节以及其他一些细节无不证实了流传的说法：这座儿童城只不过是一个装门面的东西。女校长似乎不知道孩子们的姓名，当有人问她每天订多少牛奶时，她答道：'啊！很多！孩子们喝得可多了！’就算她忘记了这个细节，她身旁的厨师总应该能够准确地回答吧。在炫目的天空中，阿根廷耀眼的阳光在小木屋墙壁的白色灰墁上晃动，在没有遭到践踏的天鹅绒般的草地上闪耀。一些驯服、整洁的孩子，两个一组由一位保姆和一位女老师领着在散步……而在外面，在街边堆满垃圾的水沟里，另一些肮脏不堪、破衣烂衫的孩子正在污泥里玩耍，却丝毫没有显得羡慕儿童城里那些像天堂的小房子。”

庇隆综合诊所是爱娃最得意的成就。在这家医院里，任何病人都无法躲过悬挂在妇产科产床上方的两幅肖像的目光。走廊里用七种不同的大理石板贴的墙面上，刻着庇隆主义的口号：“不说空话，行动起来！”“在一个庇隆主义者眼里，还有什么比另一个庇隆主义者更好吗？”在医生们的诊室之中，有一间是给爱娃办公用的。在这样一个墙壁装饰着浅色天鹅绒、书架上摆满豪华版书籍的房间里，虽然挂了庇隆的肖像，我们还是不能把它看成一间办公室。它更让人联想到为好莱坞布景而设计的一间贵妇小客厅。

爱娃通过基金会的行动显示了自己，而且幸运地面临一种异乎寻常的形势，使她得以在即使是最虚幻的梦中也绝对想象不到的范围内，发动一场十字军远征，捍卫不幸的人、弱势的人和失败的人。说她在其社会事业的祭坛上燃烧自己的生命，只不过稍许有点夸张。她将自己的全部注意力、全部精力和不可动摇的意志都奉献给了社会事业，根本不考虑自己糟糕的身体。对那些为她的病感到担忧、建议她休息或者至少减少活动的人，她回答说：“像老百姓中的任何女人一样，我知道自己比看上去要强健，身体比医生们想象的更好……也许有一天当我最终离去时，人们会像民众阶层的孩子们谈论他们刚过世的母亲一样谈论我：‘现在我们才知道她是多么爱我们。’”

1951 年在一次政府会议上，爱娃就她的机构所进行的活动作了一个报告："三年间基金会在全国建了八十六座建筑，其中最小的是拥有二百张床位的卡塔马卡医院。经过半年的组织，我们在全国所有地区直到世界最南部的火地岛开办了一些中心。"在受到祝贺时，她说自己没有任何个人野心。这只不过是故作谦虚，骗不了任何人。

第十章

庇隆主义还是爱娃主义？

由爱娃琢磨出来的“庇隆主义”这个词并不是一个政治标签，而仅仅是用于表达对庇隆夫妇个人的忠诚。照庇隆的说法，这个词指的是政治上的“第三种观点”，即资本主义和共产主义之间一种变化的观点。这个定义使人可以根据时机的需要非常自由地解释这个词。可是对爱娃来讲，“庇隆主义”代表一种宗教，她宣称自己是这种宗教狂热的女祭司。

庇隆主义作为她唯一的宗教和对庇隆的信仰，是她唯一的信条。不管她最初对庇隆的感情怎样，这种感情很快就隐没在这个幻想之中了。她私下里或公开地想推翻它也枉然，她始终对它保持着崇拜。她肯定相信他们两个将来会被封为圣人，但是他们需要的还不止这个。她在庇隆周围和他身边的人周围创造了一个神话，把庇隆变成不仅是一位明智而仁慈的国家元首，而且是一位半神的国王。“有时我想，”她说，“庇隆总统不再是和其他人一样的人，他真的成了一种理想的化身。因此，我们党可以像爱戴一位不用担心会消失的首领一样爱戴他。

在不幸的日子里，庇隆会始终屹立在人民面前，像一个理想、一面旗帜、一座灯塔、一颗星星，在黑夜里照亮道路，引导人民走向最后的胜利。”

“我无法想象天堂里可以没有庇隆。”她常常重复道，“不过我们知道，既然圣马丁遭到背叛、基督遭到过背弃，为什么庇隆不会遇到这种情况呢？有时我看见他在思考一个我无法理解的想法……而后我看见这个想法变得清晰起来……渐渐地他那双奇妙的手使这个想法进入了现实领域。”她在这个画面中为自己保留的谦卑的角色令人忍俊不禁。但是在爱娃的思想上，这个角色是她的幻象的一部分，她试图通过这种幻象诱骗自己，让自己安心，因为这个角色与她无限的野心没有丝毫抵触。以她所处的地位，她只有超越人的层面去达到神的层面。因此，爱娃在把丈夫捧上天而又贬低自己的时候，丝毫没有放弃她的打算。爱娃已跻身于天主教，而天主教的主和诸神都主张并实践谦卑，因此她深信这个品德正是神圣的显著标志。她并不对上帝和教会顶礼膜拜，而是对庇隆和人民顶礼膜拜。她常常提到她本人是庇隆和人民之间的一座桥梁。在这里我们隐约可以看到圣母在天主教里的角色的再现。

在庇隆面前贬低自己给她带来真正的陶醉。“我承认，”她写道，“我不再有自己的存在，庇隆生活在我的灵魂里，是我的所有感情和思想的绝对主人，是我的心灵和我的绝对主人。”她说她就像庇隆的一个“奴婢”或“影子”。“我承认巨大的差别（庇隆和她之间的）。不管在什么地方，他给人以权威的教导时，我只能结结巴巴。他用四个词就能解决的问题，有时我要花上一个礼拜才能找到解决办法。他作决定，我呢只提出建议。他看得一清二楚的东西，我只能模糊地看到。他是领导人，我只是他的高大存在面前的一个影子。”她在演说和文章里没完没了地重复这些话。她常常使用“心”这个词，总是把心敞开，不是把心掏出来给人家，就是把心留在她后面……庇隆是老师，爱娃是心满意足仰慕的学生，张着嘴聆听他解释他从自己父亲那里继承来的著作。正因为这样，爱娃在演说中提到亚历山大时总是崇敬有加。她觉得丈夫的精神像钢铁一样坚强。

其实庇隆明白国家渴望有一位宽厚的父亲，外貌和说话都是典型的克里奥尔人[①]：风趣，充满魅力，满面微笑，必要时独断专横。他就是这位父亲，毫无疑问。他从来没有表现出超出常人的野心，也从来没有赋予他的妻子超常的品质，虽然他对她既宽容又忠实。他情愿让自己像神一样受到崇拜，因为这种崇拜完全符合他的意图。在公开场合，他是一个美丽而才华横溢的女人的心满意足的丈夫，可是私下里有时他怕她。爱娃发起火来什么人都骂，也不会饶了“她的感情和思想的主人”。她这样发火时如果有人在场，庇隆就耸耸肩膀，歉意地说：“我妻子今天神经很紧张！”他不仅让爱娃牵着鼻子走，而且公开地表示欣赏爱娃胆大包天、咄咄逼人的态度。在基金会的揭幕典礼上，他自豪地说：“要不了多久，我妻子的钱就比我多了。”

不过，她是什么样他就把她看成什么样，如此而已：一个女人，而不是女圣人。在他眼里，庇隆主义不是一种宗教。庇隆很少与爱娃对抗。有一次，他反对爱娃，否决参众两院通过拨给基金会一千四百万美元的贷款，而没有公开作出解释。有时他会在爱娃发表之前就取消她的演说。有人甚至说，有一次因为爱娃打断了一个重要会议，他当众斥责了她。

在史学家希尔万·莱纳眼里，“庇隆是一个粗俗而快乐的人……庇隆不会做任何小事来抑制权力给他带来的单调的快乐。胡安·庇隆根

---

① 出生于说西班牙语的南美国家的纯西班牙血统的人。

本没有自主的生活，他是跟着爱薇塔的意愿转，成了爱薇塔的出气筒……因此，为了在圣维桑特的乡间别墅加强他的男人形象，他打扮得像个高乔人，终于以主人的派头散步了。他在自己那群来自异国他乡、俯首帖耳的狗、鸵鸟、公鸡面前走来走去，他那副大而不伤人的马刺，碰在石头上发出清脆的响声。当他无怨无悔地穿着漂亮的高乔人服装开心地在花园溜达时，爱薇塔正在为她一家报社的一位摄影师煎蛋卷。”

对胡安·庇隆而言，这种崇拜是一张重要王牌，他从中汲取全部力量。他天生缺乏自信。在军界，这没有任何问题，因为社会关系是严格按各人拥有的级别确定的。可是在别的地方，关系就复杂化了，庇隆就晕头转向，感到不自在了。他可能也为自己在性方面的矛盾心理担忧。在拉丁美洲，一个男人必须有阳刚之气。不过，爱娃爱他、崇敬他，对他无比敬仰，给了他自信。无论是他作为运动员的优异成绩，还是脑力劳动的成果，抑或是职业的成功，都未能给他带来这种自信。

爱娃违反准则和习俗，而且似乎从中获得幸灾乐祸的乐趣。仿佛在一种报复欲望的激励下，她开心地伤害、羞辱失宠于她的人，而不顾他们的级别高低或社会地位。庇隆在总统官邸与一位部长、省长或军事长官讨论问题时，爱娃也常常在同一个地方，逗她的宠犬玩，庇隆却不敢提批评意见。相反，和自己喜欢的人在一起，有时爱娃会显得礼貌亲切，例如她向丈夫要铅笔和纸写总统官邸的地址给来访的美国大使夫人时，就是这样。

和所有独裁者一样，爱娃和庇隆像害怕火一样害怕批评和讽刺。总统对政治方面的事情比对个人问题更敏感；相反她妻子不管三七二十一，对所有敌人都大发雷霆。然而庇隆取缔了《新闻报》，借口是该报八十来年的老板帕斯父子私下里诽谤总统和夫人。可是他对一位美国外交官所说的下述理由倒像是掩盖真相的一个托辞：实际上是因为《新闻报》一直是反对派最顽固的一份报纸。爱娃本人则疯狂地发动了对《新闻报》的迫害，为什么？因为该报几乎从来不提她，而只称她为“总统的妻子”。阿谀奉承稍微缺乏一点热情，在她看来就意味着背叛。

爱娃的“超级批评者”（这是她的词）常常把她视为“社会的不满者”，即“叛逆者”。爱娃在自己的书里承认她造社会的反，但是她提出的理由是她爱被压迫的穷人，而不是她恨压迫的富人：“我反对权势和财富的一切特权，就是说反对寡头势力。并不是因为寡头势力曾经敌视地对待我。相反，直到我在庇隆主义党里升到我目前所处的地位，寡头势力一直迎合我。一批贵族夫人就表示要把我引进上流社会的最上层。我造反的原因不是恨，而是我对人民的爱。人民的痛苦使我永远向他们敞开我的心。”她天真地夸口说她拒绝了上流社会欢迎她投入其怀抱。不过某些贵族的确同意把她引进上流社会以换取他们的安全。她向权势和财富宣战听起来就不会那么虚假，如果她本人没有利用这些特权的话。

爱娃在工作中处理与秘书处的关系方面，表现得不如庇隆灵活。她强迫秘书处每天工作十至十四个小时。专横、急躁，她很难容许别人辩白或犹豫，她会对交谈对象发脾气，却又不容分辩。庇隆引起好感，爱娃使得人人自危。她身边的人都称她“夫人”，很少有人敢于违抗她。“千万不要违抗她！”这是忠告。她显然渐渐地摆脱了庇隆，尽管在公开场合她夸大其词地对庇隆大加赞扬：“庇隆像一颗流星，燃烧自己照亮我们这个时代；他不是一位政客，而是一位引路人，一位天才，一位导师，一位领导者；不仅领导阿根廷人，而且领导所有善良的人。”爱娃不追求第一的位置，把光荣和荣誉让给庇隆，自己则包办行政官员的任命、工会干部的选举。她注意密切自己与妇女组织的关系，并更广泛地密切自己与不容易与总统接近的个人和实体的关系。她凭直觉行事，决断迅速，往往不与庇隆商量就采取行动。

但是，庇隆按照自己的方式利用她。当他不想直接干预某个工会问题时，就打发有关的人去找他妻子。“你去找爱薇塔，”他说道，同时狡黠地眨眨眼睛，会心地微微一笑。不过这种方法包含他能估计到的某些危险，例如一个电力工人委员会按照他的建议，去找爱娃要增加5%的工资。“可是，你们疯了，孩子们!”工人们面面相觑，其中一个壮着胆子问道：

“为什么，夫人?”

“因为5%太少了，你们应该要求增加10%。

说罢，爱娃拿起电话筒，给企业的头儿打电话，得到了10%，令工人们惊愕不已。照马奴埃尔·佩内拉·德·西尔瓦的说法，“如果爱娃·庇隆多活几年，我肯定她在政治上会与其丈夫分道扬镳。这对夫妻在性格上和政治判断上相去甚远。爱娃更同情老百姓。表面上他们是为同一个事业而斗争，但是他们在策略上有分歧。”一位庇隆主义者甚至说：“庇隆是一位外交家。人们从没见过一位纯粹的政治家会虐待为他效劳的人。”1950年，伊万尼塞维奇给爱娃做过阑尾炎手术后，告诉庇隆爱娃得了癌症。庇隆把伊万尼塞维奇的话告诉爱娃，爱娃决计不听。而庇隆假装让她停止满负荷的活动，目的是鼓动她更多地活动，甚至在他看到她为了工作而拖垮了身体时。这是他特有的态度：假装让她冷静，实际上煽动她去反对某个人。

1951年竞选副总统职位一事就是这样。庇隆的计策既精明又卑鄙：支持妻子争取获得候选人资格，同时设置障碍使她不可能成功。

他向她指出，她的民望下降了，军队憎恨她，她作为候选人竞选国家第二个职位有可能引发内战。他也没有忘记暗示，她的健康已受到损害，这会妨碍她面对新的职责。男人永远虚伪……爱娃即使被疾病折磨得身体虚弱，如果不是她所崇拜的男人无情的背叛使她受到致命的伤害，也绝对不会放弃竞选副总统的职位。与其谈论“庇隆主义”，还不如谈论“爱娃主义”？

就其彻底改变对贫穷者之中许多男人尤其许多女人的给予而言，爱娃主义也堪称一场革命。爱娃给予她们一种生活、一种未来，给予她们所有自由之中最美好的自由，即可以自由地选择不一定要与她出生的时候一样生活，甚至不与她来到这个世界之前的几代人一样生活。正如法国作家帕斯卡尔·莱内不无嘲讽地指出的：“怎么能不承认爱娃是一位真正的革命者呢？这样说并非不顾她的天主教信仰，而是她这种信仰给卑贱者的世界带来的耀眼的光明。爱娃从来没有脱离卑贱者的世界，甚至在她大肆挥霍的时候，或是在她贪婪地拥有黄金、钻石和地道的浮华之物的时候，即使在这些时候她仍然属于小人物之列。她真正代表他们。她的女权主义与阿根廷大资产阶级的夫人们‘争取妇女参政主义’毫无共同之处，它也没有怎么预示20世纪70年代特别在北美的校园里显示出来的激进女权主义。它没有经过任何知识分子的中介，而是来自小老百姓中妇女的日常生活。其思想的导师既不是马克思，也不是弗洛伊德，而是缝纫机。”

该国财政部长米兰达则对庇隆抱一种具有强烈反差的看法：“庇隆是一位机灵的政治家。他利用了我，利用了爱娃；他利用工人反对军人，利用军人反对工人。”然而，爱娃和庇隆是夫妻，大部分时间他们的相互串通占上风。在有外交使团和外国新闻记者在场的一次隆重的仪式上，庇隆穿一身洁白的裹紧腰身的军服，精神焕发地宣布：“重要的是，当我说某件事情时，我知道自己在说什么。我说的时候是严肃的，事先就确保了我所提供的新闻的准确性。因此，我所说的事是完全可信的、真实的。美国在需要和战争的压力下获得了原子弹和核能。阿根廷在同一时期倾其全力开辟一条新道路，将引导它获得高级的成果。与其他地方正在进行的研究相反，阿根廷的技术人员致力于引起热核反应，如同使原子能从地底释放出来那种热核反应。”

他感到非常满意，以这样的语言对阿根廷议会说：“如果试验以目前的速度继续进行下去，用不了两年，阿根廷共和国就会拥有能够给整个全国电网提供电能的原子能大工厂。阿根廷民族将最终掌握创造巨大财富的工具。这是上帝给予我们的奖赏，因为上帝觉得把这个工具交到阿根廷人民手里，是最可靠不过的。”当庇隆和爱娃走出议会大厦时，他们的司机听见爱娃以半挖苦半赞赏的口气对庇隆说：“看来，你还是一位艺术家嘛……”

凡是庇隆拖延或犹豫的时候，爱娃总是干脆地作出决断。她有时会犯错误，但总是凭直觉触及几乎所有问题，所以她能施加权威的影响。在她之前很少有阿根廷的执政者能够做到这一点。她知道自己想要干什么，知道怎样强加自己的意志。与表面上的情形相反，庇隆性格软弱、优柔寡断，而爱娃坚强、好斗。因此，应该区分她公开表示对英雄的崇敬和她私下的所作所为。不断宣布忠于庇隆的爱娃，实际上迫不及待地违抗庇隆。

庇隆超负荷的时间安排，加上爱娃连续不停地活动，使得这对夫妻没有平民意义的私生活。除了周末，胡安和爱娃每天很少有时间在一起，一般只有晚餐是一块吃。两个人很少在一起并不表明彼此疏远，但显示出这两人之间的关系奇特。他们被推到了那样的地位，任何真正亲密的关系都是不可能的。他们的亲密关系主要是意志上的结合。

庇隆和爱娃真正的夫妻生活透露出来的情况非常少。在大张旗鼓的对外宣传中，有时会偶然流露出一个孤立的证据、一句话、一个姿态或一个动作，而这种对外宣传其实是为了掩盖他们的真正感情。马奴埃尔·佩内拉·德·西尔瓦认为："爱娃从来就没有与庇隆融洽相处过。"1951年，爱娃的活动那样繁忙，她把给予丈夫的时间压缩到了最低限度，而且这最低限度的时间还被消耗在他们的政治讨论上面。他们不能把时间花在他们的私生活上面。爱娃自己承认他们常常一整天一整天互不见面。她还不屑地补充说，每当庇隆要去上班时她才回到家里，庇隆就抱怨她。圣维桑特的周末一去不返了。在那里她穿着布裤子炫耀自己，引起附近的夫人们反感。夏天傍晚驱车沿海边兜风的时光一去不返了。过去曾使他们获得民众那么多好感的小小的民主示范一去不返了。那时，例如1947年人口普查的时候，庇隆和爱娃去老百姓家里，庇隆将居民登记在表上，爱娃呢则向妇女和孩子们分发礼物和玩具。现在人们再也看不到他们参加体育比赛了。不过在世人眼里，他们依然显示出一个"统一战线"，他们的关系看不出发生了任何变化，连他们不共戴天的敌人也无法从他们公开的亲密关系中找到任何裂缝。

可是，通过各种阴谋手段掌握政权之后，庇隆比谁都清楚他不能信赖自己过去的那些军官伙伴。爱娃是他唯一可以信赖的人。即使她的爱情的热度降低了，但她会始终忠于他，只要她的事业依赖于丈夫的事业，就是说直到夫妻二人之中一个死去为止。庇隆不仅不给爱娃的活动泼冷水，相反还把来向他诉苦的工会领导人打发到她那儿去，强调所有身居要职的人对总统及其妻子都要同样尊重。庇隆之所以让众参两院的议员们、各省省长和外交官在爱娃面前卑躬屈膝，是否可能是因为他隐约觉得爱娃曾经受到过屈辱，想以此对她进行补偿呢？

然而他对自己的婚姻没有显示出任何不安。相反他为自己的幸运而得意。爱娃可以为他所用，他相当聪明，自然不会承认这一点。但是对爱娃日益增加的影响力，他可能是故意视而不见。由于他像全国所有人一样相信男人的优越，所以如果承认爱娃利用他做工具，岂不太伤他男人的自豪感？

然而，并非整个阿根廷对爱娃唯命是从。庇隆主义派就有分歧。庇隆有自己的拥护者，他们不向爱娃低头。爱娃使用的方法太粗暴。再说在某些人看来，对一个女人俯首帖耳是丢脸的事。人们也许永远搞不清楚，在爱娃和庇隆两个人之中，究竟谁掌握着大部分权力。只不过爱娃毫无节制、毫不宽容地使用她手中的权力。当她想摆脱某一位部长或某一位议员时，她就一定要做到，而不管总统是什么意见，也不管这种做法是否合时宜。

爱娃统治之初，有些人偶尔试图公开嘲笑她。尼尼·马歇尔模仿爱娃在电台播音的样子，后来被迫移居蒙得维的亚。索菲娅·博赞运气好一些，但也好不了多久。在一次宴会上，爱娃坐在红衣主教柯佩罗旁边，不合时宜地袒露出一个赤裸的肩膀。索菲娅·博赞登台表演，赤裸的肩头上停着一只名叫“红衣主教”的红羽毛小鸟。结果她受到罚款和指责才算了事。第二天她嘴唇上挂把锁出现在观众面前，又受到同样的惩罚。她能得到这种宽容，还是多亏了她的一位朋友韦拉兹科。此人是爱娃的敌手，不久被免职了。甚至在进行报复时爱娃也心血来潮，有时让她身边的人吃惊。有一天，她看见了人群中一位她过去认识的女演员，便急匆匆跑过去，大声表达与老熟人重逢的高兴心情，交给她一张名片，在上面草草写了几句话，要她去找一位制片商。那位制片商很快就把这位女演员放在海报的最前面，并且给她非常高的薪酬。

逻辑推理不是爱娃的强项。1951年她去参观埃尔门多广播站。该站当时属她管，她在这里工作过。从经理到看门人，所有人员都西装革履列队欢迎她。可是，她对管理人员、经理、部门头头、演员和其他人统统不屑一顾，只对一个无关紧要的年轻人大做媚态。这个年轻人当过站里的跑街，当时爱娃是站里不起眼的新手，经常和他去街角的奶吧聊天。1949年颁布了一条法律，规定凡是不尊重地议论总统或政府的人，不管有没有证据，都要坐牢。庇隆希望用这种办法遏止批评的浪潮。一切不是赞扬现政权的言论，都是不尊重或者冒犯。就因为如此，一位宣誓效忠新宪法的小职员，因为“缺乏热情”而被解雇。不仅批评庇隆、爱娃和他们的政权，还有批评阿根廷历史上另一个大暴君马奴埃尔·罗萨斯的人，都可能坐三年班房。马奴埃尔·罗萨斯留下了血腥的回忆，这时又受到了尊重。

1950年，阿根廷演员行会协会的领导巡视所有剧院，要求所有演员在宣布效忠爱娃和庇隆的一份声明上签名。星星剧院有六名演员拒绝签名。这家剧院便遭到警察查封。剧院经理和一位主要演员去劳动部爱娃的办公室，恳求她撤销惩罚。爱娃非常和蔼地回答说：他们辞退那六名抗拒的演员就没事了。他们照办了，剧院重新开门，但那六个任性的演员失了业。

有一个领域庇隆夫妇表现得很擅长，就是宣传。从1949年到1951年，新闻部办公厅在阿根廷国土上和向许多外国人散发了二百一十三万余份庇隆主义宣传作品，一千四百万本小册子，二百八十五万九千幅庇隆和爱娃的彩色肖像，六百七十六万七千张印有他们头像的明信片。在阿根廷各个城市的墙上贴了一百二十七万二千张海报，在街上散发了五百五十五万一千张传单。每个阿根廷电影制片商每年至少拍一部受社会公正主义启发的长片子，每个广播站每天必须留出时间广播官方的宣传节目。

爱娃·庇隆有些演说是照稿子念，有些是记熟了的，大部分是即兴演说。她最令人难忘的演说是产生于本能冲动的演说。这时，她仿佛处于激动状态，话一句句冲口而出，紧紧地抓住听众。就是在这样一个时刻，她完全被激情所左右，说出了这样一句先知者的话："我会回来的，我将是千百万人。"在1950年至1951年间，她的演说技巧达到了炉火纯青的地步，她的演说激励着越来越众多、越来越热烈的听众。他们聚集在公共广场上和乡村火车站前面听她演说。她如鱼得水。

几年间爱娃变化很大。过去那个迷人的玛丽亚·爱娃·杜阿特·德·庇隆夫人，变成了一个女国务活动家。她与过去一样漂亮，但更高雅，穿一身线条简洁的裙套装，翻领上别一朵钻石兰花，金黄色的头发在脑后梳成一个沉甸甸的发髻，突出了高高的颧颊和凸出的显得孩子气的前额。她有时还装出一副小姑娘的模样，可是在一具美丽、闪光的外壳下，一切女性的温柔已消失殆尽。人们经常看见爱娃双臂抱在胸前，威胁性地晃动着食指，说明一个论据的分量，或者双手掐住喉咙，表明她容易受到伤害。现在她只是在重大场合才盛装打扮，穿下摆很宽的长裙。以一身这样的打扮，她常常摆姿势让摄影师照相，不是在一群人之中仅有她一个女人，就是以深色挂毯为背景突出她的苍白之美。但摄影师最经常的是在她的办公室给她拍照，面前摆个麦克风，或者由一些军官或官方人物作陪。很少存在爱娃的私人生活照，说得过去的理由就是她很少有放松的时间。在奢华环境下，她过的却是一种清戒的生活，遵守一种饮食制度，吃喝得很少，在公共场合不抽烟。除了公务方面的交往，她不接待什么人，不允许自己有任何娱乐消遣。当她向老百姓发表演说时，她的声音时而沙哑、时而尖利，语速总是很快，充满激情，像是在法庭上辩护。

爱娃周围笼罩着一切专制制度下那种典型的阿谀奉承的气氛。1950年有人甚至想到了成立爱娃文学俱乐部，其成员每星期五在职工之家聚会。晚会由爱娃主持，严格规定只讨论庇隆和庇隆主义问题。俱乐部集合了一小批由现政权豢养的诗人和作家。爱娃虽然知道这样做低俗，是拍马屁，但还是乐于参加这种把她奉若神明的会议，有时甚至会一直待到天亮。

她最终有不少敌人、门徒、热心的仰慕者和被保护者，就是没有朋友。她身边某些女人扮演知己者的角色，可是爱娃多半把她们当做傧相而不是当做朋友，而她的知心话仅限于服装和首饰方面。但这些知心话的主宰地位也是短暂的。爱娃掌权之后有了私人秘书伊莎贝尔·埃恩斯特，这是梅尔康特的一位女友，是她的一切官方行动的引导者。可是爱娃弄得她日子过得很艰难，最终病倒了，只好请辞。船主巨富阿尔贝托·多德罗的妻子是爱娃早年的朋友之一，可是爱娃表现得太专横，不让人家有些许自由。多德罗夫人是美国人，无法忍受这种奴役，两个女人经常吵架，她们的友谊也就终结了。随后拉戈马尔西诺·德·瓜尔多担任了受宠者的角色，在她回去之后，爱娃用赫克托·康波拉的妻子取而代之。这是一个腼腆而漂亮的女人。爱娃不能容忍社交上一个女人的竞争，就像她不能容忍政治上一个男人的竞争一样。

与她最亲近的可能是一个守口如瓶的男人：她的管家阿蒂利奥·伦济。《民主》日报刊登的一张模糊的照片上面，可以看见他要求在总统官邸前面冒雨为夫人的健康祈祷的妇女们保持肃静。这是一个矮小而呆板的人。这位忠实的总管像影子一样跟随着爱娃，随着爱娃消失而消失。他曾是步兵中士，被庇隆调到身边为他个人服务，起初是当司机，后来做了总管。但是伦济很快皈依了爱娃的宗教，对庇隆的照顾便仅限于一般的礼节性表示了。每当爱娃接见卑贱者，这位总管心里也充满怜悯，不由自主地洒下几滴热泪。夫人见他这副模样为他感到难为情，悄声对他说：“去浴室吧，伦济。我不希望你在这里丢人现眼。”到了浴室里，伦济想：“我不应该流泪的，我不应该流泪的。她，她始终坚强，而我，相反，我真可笑。”可是这样一想，他更加泪如泉涌。

还有爱娃的小哥哥胡安·拉蒙。在全家人之中，胡安·拉蒙似乎是爱娃关爱和尊重的唯一的人，因此她将自己的时间分出一点给他。据说只有他用相当粗暴的方法，才能让爱娃的怒火平息下来。

1951年初，她的事业如日中天。以三十一岁的年龄，她就享有了世界声誉，接受十一二个国家颁发的勋章，有一些船只、学校、公园、地铁站、工人城，甚至有一颗星和一个省是以她的名字命名的。她有着“乐善好施的撒马利亚女人”的美名，又被称为“工人的旗手”。她只差在政府拥有一个官方职务。种种迹象已经预示她将得到这个职务。可是一位旁观者可能已经注意到，爱娃·庇隆的野心现在已经超出了今世的荣誉，她失去了与现实最后的接触。她成功地建立了亲密而持久关系的唯一男人，现在对她只是一个象征了。荣耀把她禁锢在了一个空荡荡的空间，她感到不胜孤独。

第十一章

流产的副总统职位

1951年，庇隆将选举日期定在11月11日。现在法律要求需要有一个政党推选他作为候选人。这个荣誉属于庇隆主义妇女党。一天爱娃非常郑重其事地带领一个庇隆主义妇女代表团，来到庇隆的办公室，送给他一只金表和她的党对他的赞扬，然后请求庇隆登记参加总统竞选。不出所料，庇隆接受了。

庇隆将重新当选，这毫无疑问。可是这一次，爱娃决定为另一位候选人即她自己竞选。事实上她产生了竞选副总统的想法。一旦当选她就真的有权势了，甚至可以问鼎总统的职位。对这件事庇隆不大会支持。军队的情报机构向他证实存在一些反庇隆的军官，他们集中在共济会秘密支部“五月的阳光”里面。这些军官提出“取代”掌权的庇隆夫人。而庇隆主义的军人们则表现得迟疑不决，因为《元首空缺法》规定在其丈夫突然死去的情况下，会把爱娃推到国家元首的位置，并将指定她担任三军的最高统帅，这是他们无法接受的。

在他们的迟疑不决中，有另一个因素也值得考虑：爱娃身体不好。

1950 年 1 月份她做过一次手术。医生们说是盲肠炎，但人们很快怀疑根本不是那么回事。她一直没有完全康复，一天比一天消瘦，一天比一天苍白。她求助于海伦·扎瓦尔斯基大夫医治她的血液病。她每周秘密地去布宜诺斯艾利斯中心医院好几次接受治疗。1951 年，她血液里的红血球只有正常数量的三分之一了。医生们诊断为再生障碍性贫血，试着进行新的治疗。爱娃非但不休息，反而继续过度地工作。她要不惜一切代价写下阿根廷历史的一个新篇章：在去世之前成为副总统。

事实上据接近她的一些人说，她相信一旦她不在了，庇隆对穷人和不幸者的关心就不会放在优先位置了。她觉得自己是现政权真正的革命家。她真诚地爱自己的丈夫，可是她明白，很久以来她所崇拜的这个少见的“政治动物”正准备接受一切妥协。她了解他战术性的放弃和退却。她不是经常用十分直截了当的语言对她亲近的合作者们说吗：“当庇隆的裤腰带滑落到了他的脚踝处时，我会立刻帮他恢复到适当的位置的。”据国家档案馆的档案记载，当时人们明显感觉到庇隆夫妇间要发生一场对抗。

不过这并不是两种野心之间的对抗，更确切说是出身很不相同但被命运结合在一起的两个人之间的对抗。一方面是那个出身于平民的姑娘，她对不公的义愤完全左右了她的思想。她对富人不共戴天的仇恨实际上只是一种弥补和补偿。爱娃认为，特权者们太过经常剥削工人阶级。正义强行要求从今以后劳动者就是特权者。另一方面是一位打上军人传统烙印的将军，但他具有完美政治家的才华，又充满欧洲人后裔的诡计多端。权力使他懂得，在竞选演说的连篇空话与要解决的现实问题之间，必须考虑国家的理智、行会人士的压力和人民群众的愿望。他利用自己的妻子，同时让她有随心所欲的行动自由，因为她会说总工会的工人们和小老百姓的语言。

可是他能否让她当自己的副总统，而又不引发军队的一场小革命呢？爱娃是否太过分了？她爱自己的丈夫，但对权势要求方面显得暧昧，千方百计想让丈夫相形见绌，而让穷人们神化她自己，并且还做到了这一点。于是，庇隆渐渐地只是一个凡夫俗子了，当然还受到仰慕，甚至还受到爱娃最热情的支持者们的仰慕。作为女权主义者，爱娃使用的是女性的武器，如妩媚、美貌、首饰等，为阿根廷妇女争得与男人平等的权利。可是自相矛盾的是，她又赋予男性遭到所有女权主义者否定的优越性。她一切都走极端，又专断独行，她总是为自己的极端态度辩解："没有狂热，行之不远。"

1951年四五月间，布宜诺斯艾利斯从上到下贴满了炫耀她的容颜的海报，方尖碑上甚至挂上了宽大的横幅标语，号召把票投给"庇隆和爱娃·庇隆——祖国的搭配"。令人感到意外的是反复出现在爱娃的每一项声明中的这句话："我希望得到正式提名。"似乎庇隆的许诺对她来讲还不够，还需要得到各工会组织的支持。她很了解自己的丈夫，小心翼翼地不过分引起他的不安，甚至在演说中夸赞他，用甜言蜜语给他大灌迷魂汤。下面就是近几个月她反复说的几句话："我热爱庇隆将军和他的事业。一位像他这样的英雄值得殉难者和狂热者去追随。为了对他的爱，我准备面对一切，包括受难和死亡。"

为了更孚民望和对付通货膨胀，爱娃·庇隆基金会不久就组建了统一价格的连锁商店。这就是1951年3月20日在布宜诺斯艾利斯大张旗鼓开张的那些爱娃·庇隆商店。利用这个巧妙而有效的蛊惑人心的武器，爱娃争取到了最游移不定的家庭主妇们。总统夫人童年很少吃饱过，所以凭经验深知经济对妇女的头脑和心灵的影响。从这时开始，一份政治报纸《蒙特塞拉特报》便展开了庇隆·爱薇塔总统竞选宣传运动。每当爱娃正式公开露面时，在奏了国歌之后，都要奏《庇隆主义少女进行曲》和歌曲《领头人爱薇塔》。这首歌与《庇隆主义少女进行曲》的曲调相同，而歌词是这样开始的：

庇隆主义的姑娘们
我们和爱薇塔必将胜利
我们和她把我们的生命
献给庇隆
庇隆万岁！万岁庇隆！
为了庇隆和爱薇塔
我们愿献出生命
为了领头人爱薇塔
为了庇隆将军
爱娃·庇隆啊，你的心
不断伴随着我们
我们向你许诺
我们的爱和忠诚的誓言
庇隆主义的姑娘们
我们为祖国而斗争
我们为祖国而爱
与爱薇塔和庇隆一道！
万岁庇隆！庇隆万岁！
社会公正主义的旗帜，
我们的旗帜必将……

实际上，爱娃在五一劳动节的演说中流露出了她的个人意图。她在玫瑰宫的阳台上，向打着忠于庇隆的标语和旗帜拥挤地聚集在马约广场上的群众说：“我亲爱的‘无衫汉’们，”在阿根廷劳动者庆祝的这个传统节日里，在所有劳动者庆祝人民和庇隆战胜了他们的敌人和祖国的叛徒这个美好的日子里，她这样开始说道，“我只愿意在‘无衫汉’们唯一的、专门的、完全的允许下说话。我愿意为庇隆，为劳动人民，为全世界与我们分享我们的人民的荣耀的男人和女人说话。我们的人民高举着正义与自由的旗帜，让它在我们祖国的桅杆上高高地飘扬在其他所有旗帜之上。我希望你们赋予我所有劳动人民、所有妇女、所有卑贱者，总之所有‘无衫汉’神奇的全部权力。”爱娃每次这样请求“无衫汉”们给她授权时，总要停顿一下，等待比平时更经久不息的掌声。可是这一次群众没有反应，没有人要求她竞选。

大概就是在这个时期，所有街道，所有墙上都工工整整地写着这样一条标语：

庇隆信守诺言

爱娃带来尊严

总工会宣

群众的保留态度使她感到意外，但并没有使她就此偃旗息鼓。她继续竞选。1951 年 5 月 7 日，爱娃·庇隆庆祝她的三十二岁生日。计划隆重庆祝，大肆宣传。这一天的《理性报》报道说：“今天的总统官邸客人络绎不绝。这是最高行政长官的妻子爱娃·庇隆夫人的生日。在对她表达的敬意之中，有许多带有真正的激情。庇隆夫人收到总工会权力机关和国家行政机关全体成员、议员、外交使团成员和各工会组织的祝贺，还有一个特殊的气氛，就是有许许多多地位低微的人列队前来祝贺。庇隆夫人个人对每个祝贺的人表示感谢。受到国家元首夫人接待的，还有联邦首都和国内各行会的代表。‘爱薇塔少年足球巡回赛’的冠军队和萨卡希斯帕斯俱乐部，是属于第一批向共和国总统夫人表示生日祝贺的。在国家元首夫人所收到的许多礼物之中，最引人注目的是以军事部名义赠送的意味深长的礼物：一尊圣女巴尔巴拉即炮兵主保圣女的铸像，是用伟大统帅约瑟·德·圣马丁在解放战斗中所使用的大炮的青铜铸造的。”

爱娃是富有创造性的广告员，她准备了一些“机遇剧”和一些不乏趣味的宣传活动，例如人们可以看到：

——两个一条腿的人骑着自行车连续三天绕着玫瑰宫行走。

——一位官员在罗萨里奥和布宜诺斯艾利斯之间将近四百公里的高速公路上，用脚推着一个木桶滚动，阻塞交通。

——一位城里的支持者开着汽车，绕着这位女候选人居住的小区转了一百二十三小时又十分钟。

——另一位支持者，这一位是农民，扛着一百公斤的一袋小麦，整整走了三百五十公里。

——一位家庭妇女背着孩子，在潘帕斯草原上徒步穿行四百公里，表示支持她的副总统候选人。

所有人都用惯用的口号表达他们的信任：“庇隆成就大业，爱娃建树崇高。”反对派用幽默的手法制成一些海报，上面画着裸体的爱娃俯视着一群小人国的男人乖乖地从她叉开的两腿之间走过。传说十分肯定：“爱娃建树崇高。”总统夫人怒不可遏地叫人撕掉了那些淫秽的海报。

然而，她体力上已经筋疲力尽，很难成功地担任她的角色。有两三次她在公众游行集会时晕倒了，不得不把她送到医院。可是她一苏醒过来，又固执地要继续参加游行集会。医生诊断为贫血或缺少睡眠。一天夜里，著名的伊瓦尼塞维奇大夫带着一组输血的人来了。爱娃用手包把他打了出去。“我要得到正式提名，”爱娃一而再、再而三地重复道，“我必须得到正式提名。连医生们也搞阴谋，把我与你们，与我亲爱的劳动人民分开。所有人都在搞阴谋，包括寡头势力、医生们、不爱国的人和平庸之辈。”总工会的领导人终于明白了她所说的意思，决定在一次大规模游行时宣布支持她作为候选人参加竞选。

一次支持爱娃·庇隆候选人资格的大规模公众集会，预计在1951年8月份举行。准备工作在将近一个月前就开始进行了。在这个被宣传为社会公正主义大会的公众集会前夕，全国一切工作都停止了。挤满一列列火车的乡下人，身无分文，在陌生的首都城里下了车。一切都免费提供，包括小酒馆和旅店。请想象一下这些微贱的群众吧，他们从来没有观看过两座并排的大楼，现在被一座座摩天大厦辉煌的灯光照得头昏眼花。一些穿着披风和靴子、拎着纸箱子和包裹的行色匆匆的人，是在1951年8月21日为大批人打前站的。从内地来的一批批人拥挤在火车站、公共汽车站和其他集体交通工具的终点站。他们有多少人？一百万？毫无疑问，远远不止一百万。下午，只见他们都到了耸立在努埃夫·德·胡利奥和莫莱诺两条林荫大道交叉处的凯旋门下面。凯旋门下搭了官方的主席台，上面悬挂着两幅肖像：第一代表的肖像和他的夫人的肖像。此外还有全国工人联合会首字母缩合词以及许多横幅和旗帜。参加集会的许多组织之中有几个在周围拉起了数百米长的标语。这里要举行一个星期的欢庆活动吗？不，这是公民深深地表示效忠的历史性的一个星期。

表面上，这次集会是由总工会组织的。然而实际上，一切都是在爱娃操纵下运转的。免费提供火车和汽车的想法就来自她。是她强行放假，以方便群众来去。还是她让旅馆敞开大门，而且让人们随意用餐。庇隆是法西斯组织工作的崇拜者，他的所有群众集会几乎全是效仿墨索里尼的。相反，爱娃的文化局限于电影，她的集会要搞得像好莱坞的首映式，聚光灯、喇叭一应俱全，要许多公众参与。在这乱哄哄的场面背后，爱薇塔正在化妆呢。她选择了一套剪裁简洁的深色裙套装，一件绸衬衣，耳垂周围的环形鬈发上缀满钻石。她脸色苍白，人很消瘦，颧颊突出。

8 月 22 日这个伟大的日子，天刚亮，数万名各年龄段的劳动者就打着横幅，上面写着毫不含糊的竞选口号："胡安·庇隆和爱薇塔·庇隆 1952 ~ 1958"，浩浩荡荡，涌向胡利奥林荫大道九条和马约广场交汇处。总工会在那里搭了一个巨大的台子。17 点 20 分，现在人数超过了一百万。人们打着巨幅长条标语："胡安·庇隆和爱薇塔·庇隆，祖国的选择"。当庇隆总统登上主席台时，地动山摇的呼喊声要求爱薇塔出场。总工会总书记约瑟·埃斯佩若抓起麦克风，附和群众的要求说，的确，没有爱薇塔，这个社会公正主义的大会就没法开。当爱娃脸色苍白、身体消瘦、摇摇晃晃走上主席台时，她的名字从所有人的胸膛里迸发出来。

人们狂热到了顶点。一些妇女晕倒了。爱娃优雅地放下胳膊，将双肘收回到腰的部位，向前伸出双手。摄影师们使每一秒钟都变成不朽。爱薇塔即席发表长篇演说：

"伙伴们，我怀着非常激动的心情，与我亲爱的'无衫汉'们会合，就像 10 月 17 日一样，就像有老百姓出席的所有日期一样……在我一生的这些年里，我把我所有夜晚用于关照祖国的卑贱者们，根本不计天数，也不考虑牺牲。而他们，那些阴谋家、那些无耻之徒、那些平庸之辈，白天黑夜都在策划着阴谋和诽谤。我，一个卑贱的妇女，不考虑任何事情和任何人，我的将军，只考虑我要以你的名义去消除的苦难，因为我了解你对‘无衫汉’们所怀的深情。正是‘无衫汉’们在10月17号把将军你给了我，从而给了我生命、光明和灵魂。”

“爱薇塔当副总统！爱薇塔当副总统！”群众高声喊道。

“像‘无衫汉’们一样，我只是老百姓中的一名妇女。我始终愿意与劳动人民、与年长者、与孩子们、与所有受苦的人打成一片，与他们手拉手、心贴心地共同奋斗，为了使他们热爱庇隆，为了在将军和我们祖国的‘无衫汉’们之间充当一座桥梁。当那些人嚼舌头对付一个弱小的阿根廷女人时，我对他们的谩骂和诽谤不屑一顾。相反，我以能为我的人民和我的将军服务而感到高兴。我将永远做人民要我做的事情。”

庇隆抓过麦克风说：

“只有顽强、正直的人民才是自己命运的主人……”

参加集会的人盖过他的声音喊道：

“让爱薇塔同志说！让爱薇塔说！爱薇塔！爱薇塔！”

总工会总书记约瑟·埃斯佩若说：

“夫人，人民请你接受副总统职位。只有你能够而且应该担任这个职务。”

爱薇塔回答：

“对一个卑贱的女人一生中一个如此重要的决定，我以我们相互之间所感受到的爱的名义，请求总工会和你们大家至少给我四天时间去……”

“不！不！接受吧，爱薇塔！爱薇塔当副总统！爱薇塔，接受吧！”成千上万个声音有节奏地喊着。

“满世界有人说，我是一个自私自利、野心勃勃的女人。你们知道这不符合实际！你们也知道，我所做的所有事情，都不是为了在我的国家里占有任何政治职位。我不希望明天，当那些不理解我、永远不会理解我的嫉妒者和平庸之辈认为我的所作所为是追求微不足道的利益时，劳动人民之中会有人无法据理驳斥……”

会场上迸发出一片喊声：

“爱薇塔！爱薇塔！我们爱你！我们爱你！接受吧！接受吧！爱薇塔！”

“这一切出乎我的意料，”被呼叫的人回答道，“我知道很长时间以来，人们一而再、再而三提到我的名字，而我没否认那些传言。我这样做是因为没有任何人能够接近庇隆，他们与他相距十万八千里。但是，在我这颗朴实的阿根廷女人的心里，我从来没有想到可以接受这个职位。”

“可以，接受吧，爱薇塔！接受吧！”

“同志们，同志们，我不会放弃我的战斗岗位，我放弃荣誉。”

“接受吧，爱薇塔！接受吧，否则，我们就停止工作，进行总罢工！”

爱娃转向丈夫，号啕大哭。丈夫把她拉到身前，揽在怀里，嘀嘀咕咕不知对她说了些什么话。爱娃泪汪汪的，冲口说了一句：

“我按人民的决定办。”

台下传来一阵欢呼。她明白她的话被误解了。

“同志们！你们认为副总统的职务是一种责任，这种责任要由我来承担，那么我不是已经回答你们了吗？在我这个卑贱女人的心里，从来都没有想过我能接受这个职务……同志们，凭把我们联结在一起的感情，我恳求你们不要强迫我做自己不愿做的事情。我作为一个朋友，作为同志向你们提出这个恳求。我请你们散去吧。给时间让我考虑吧，我将在国家广播电台的联网上宣布我的决定。”

庇隆立刻命令结束大会。他关心热泪盈眶的妻子，抓住她的胳膊，把她拉到没有人看得见的地方。他们一块离开大会。于是爱娃发起火来，责备胡安不让她参加大会，只利用她激励庇隆主义分子，没有向她解释清楚为什么她无法谋求副总统职位，无法强行行使否决权。

多亏了她的理发师阿尔卡拉兹的证言，人们才确切地知道集会后发生的事情：“大会之后，爱薇塔要我陪她去总统官邸。大街上一个人都见不到。我们仿佛穿行于噩梦的寂静之中。爱薇塔又发起烧来了，瑟瑟发抖。我和她一块上楼到了她的卧室前厅里，给她裹上一条鸭绒压脚被。‘我去给你要杯茶。’我说。她脱掉鞋子，解开发髻。我不记得我们交谈了什么。我好像给她推荐了新的指甲油。就在这时听见底层有人声。官邸的工作人员和一些士兵都出动了，这说明将军回来了。庇隆过着清戒的生活，吃得少，消遣就是广播里的滑稽节目，睡得早。这一回，听到他尖声叫喊，我感到意外。

“‘爱薇塔，美人儿!’我听见他在喊她，声音显得不高兴。

“我不愿意给他们添乱，站起来要走。

“‘你留在这里，’夫人吩咐道。

“她光着脚，跑出小前厅。将军应该离她不远了，只听见他叫道：‘爱娃，我们应该谈谈。’

“‘我们当然应该谈。’爱娃回应道。

“他们进到了卧室里，但通向小前厅厚重的门半开着。如果事情不以如此迅速而且出人意料的方式发展，我就离开了。因为担心发出响声，我便待着没动，直挺挺坐在椅子边上，意外地听到了他们的全部争论。

“‘停止无端指责吧，听我说，’将军说，‘党不久就会宣布你的候选人资格。你必须拒绝。’

“‘休想，’爱娃回答，‘我才不怕那些说服了你的人呢。休想吓唬我，神甫们不行，寡头势力的成员和军人也不行。是你不愿意宣布我的候选人资格，不是吗？现在你不要再来烦我！我的“无衫汉”们宣布了我的候选人资格。你如果不让我当候选人，就不要叫人来叫我嘛。太迟啦，要么是我，要么什么人也当不成。我不会任人摆布！’

“她丈夫听任她发泄，然后坚持说：

“‘你这样固执没有什么好处。他们宣布了你是候选人，可是也不可能走得更远了。你不如放弃，这样更好。’

“我觉得她再也支持不住了。或者她是装的吧？

“‘我要知道为什么，你给我解释清楚，我就会平静下来。’

“‘你要我解释什么？形势你像我一样清楚。’

“‘我去全国广播网上讲，’她声音颤抖地说，‘明天上午吧。我讲了，一切就结束了。’

“‘这是最好的解决办法。不要即席讲，准备几句话。放弃而不作解释。’

“‘你是所有人之中最坏的。我本来不要当候选人。可是我所以走到这一步，这是你的错。’”

爱娃悄悄告诉阿娜·马克里：“我连续三夜睡不着，庇隆抛弃了我。我一次又一次问他我应该怎样做，他一次又一次回答我：‘你的良心会告诉你。’他抛弃了我。”

8月21日10点30分（原文如此），爱娃用激动得喘不过气来的沉闷声音向全阿根廷发表讲话：“我作出了不可改变的决定，拒绝我国劳动者和人民在8月22日历史性的群众集会上同意给予我的荣誉。我声明，这个决定是我心灵里真诚、独立自主地作出的。”她谈到自己生活和工作在庇隆将军身边感受到的幸福，也谈到自己为国家和卑贱的老百姓服务的意愿。现在任何人都不能说她是受到自私自利、心胸狭隘的野心驱使了。“我知道，凡是爱我的所有‘无衫汉’都希望任何人都不要怀疑我的话。再说，从今以后只有那些卑鄙无耻的小人会怀疑我的正直、忠实和真诚。所以我劝告我的‘无衫汉’们要冷静。我并没有放弃斗争和工作，我只放弃了荣誉。”在人们狂热地欢呼爱娃获得候选人资格仅仅十天后发表的这个感人的讲话，让公众感到意外。尤其给人印象深刻的，是爱娃说话时声音发哽，几乎听不清楚。人们感觉到她的神经极度紧张，人就要垮了。究竟发生了什么事？

是军队迫使爱娃后退的。军官们可能威胁庇隆撤销对他的支持，甚至发动全面反叛，如果爱娃不退出竞选的话。他们不能容忍的是，一旦总统逝世，会由一个女人担任他们的最高统帅。庇隆为什么在这些威胁面前让步了呢？这是因为形势给了军官们新的力量。老百姓之中尤其是工人之中日益严重的不满，削弱了爱娃的地位。她在5月1日的讲话中曾经要求人民赋予她“有效而完全的”的权力。如果相信这个讲话，那么爱娃就预料全国会像一个人一样起来要让她当候选人。可是与表面的情形相反，8月22日的民众大集会并没有取得预期的结果。人们谈论着埃斯佩若失宠和总工会全面重组。如果不是疾病打断了爱娃的活动，这两件事是肯定会发生的。

在爱娃发表退出竞选的讲话之前，在庇隆主义的省议员之中发生了一件小事：他们之中二十七个爱娃的支持者退出了会场，只留下二十五个梅尔康特的支持者。不久举行了一次有爱娃和梅尔康特参加的秘密会议。人们了解到，爱娃运用了一切说服手段，争取庇隆背后的庇隆集团的团结。梅尔康特和爱娃两个人都退出竞选，而宣布由齐亚诺博士参加竞选副总统。齐亚诺博士此时正在医院里，不过看来他是唯一能让两个派别喜欢的无关紧要的人物。庇隆没有公开地参与这桩交易，而是高傲地保持着距离。正是在这次重大挫折之后，爱娃发表了著名的退选讲话。

实际上将军们取得了胜利。爱娃·庇隆头一回公开承认遭到了一次失败。事实上，她的讲话没能蒙骗任何人。谁都知道，她“唯一的野心”就是占据政府的第二个领导职务。可是爱娃走得太远了，突然处在了深渊的边缘，不得不匆忙折回。报刊把她的“拒绝”引为高尚、忠诚和爱国主义的光辉榜样。《民主报》引出这样一种教益：“这是人们受到的最美好的教益。爱娃·庇隆放弃了这种荣誉，因为她太纯洁了。”庇隆本人也不得不向妻子表示敬意。她的“牺牲”令他非常感动。他宣布 10 月 8 日的圣胡安节从今以后将改为“圣女爱娃节”。为了对她表示敬意，他铸造了一枚大勋章——“庇隆主义大勋章”以感激她的“高尚行为”。

爱薇塔感到苦涩，几乎感到恶心。她的余生已不到十个月了。

第十二章
火焰熄灭

二十六岁的阿根廷第一夫人爱娃·庇隆，将在三十三岁即基督的年龄消失。某些外交官发表了这样的看法：癌症自1947年以来就潜伏在她体内了。的确，从她欧洲之行的那一年起，她就感到这种威胁变得明显了。黑眼圈、脸色苍白，又加上了发烧、昏厥和出血。“我觉得爱薇塔患上了会结束她的生命的可怕疾病。”莫特里柯伯爵写道。在巴黎的一次招待会上见过她的布洛格利侯爵也同意这个看法：“阿根廷第一夫人很美，可是死亡已经反映在她的眼睛里和脸上。”

丈夫、家人和亲近的人都劝爱娃休息，可是劝也白劝。她是否意识到她的命运的闪忽不定？一些阿根廷历史学家断言，这对夫妇可能从1948年就停止了一切性关系。她的不断出血、时时折磨着她的痛苦及有时盆腔的剧烈疼痛，这一切虽然她善于用微笑加以掩饰，但证实了她逃避房事的全部理由。胡安·庇隆喜欢政治斗争的乐趣甚于房事的乐趣。

1949年2月6日，爱娃头一回同意卧床。医生规定至少躺十天，她只忍受了三天。她民望太高，要躲起来委实不容易。可是人们发现她的脸消瘦了，眼圈更黑了，而且显得非常疲倦。她的疾病严重到什么程度了？官方新闻机构的解释显然无法让公众舆论放心：“夫人在休息放松，得了轻微的感冒，由于工作太繁忙，有点疲劳过度……”人们企图对全国也对她本人掩盖折磨着她的不可救药的疾病，一种已经很晚期的癌症。从1949年起，症状重新出现，越来越频繁，越来越令人不安。1950年1月9日，在出租车司机工会总部开幕典礼举行期间，爱娃昏倒了。她的私人医生（兼教育部长）奥斯卡·伊瓦尼塞维奇教授建议紧急施行子宫切除术。“不做手术！”爱娃反对道。胡安·庇隆说服她住进了医院。官方说对她施行了阑尾炎手术，可是老百姓不相信，纷纷聚集到各地教堂里为她祈祷。伊瓦尼塞维奇确诊癌变部位在子宫里，从而证实了以前致命的诊断。

医生强制她输血，并且强调必须做一个比较轻微的手术，消除子宫里的癌细胞。爱娃怎么也不肯做。她母亲、哥哥和两个姐姐劝她治疗，怎么劝都没用。“我没有时间，”她回答说，“我有太多事情要为老百姓和‘无衫汉’们做。”半个月后，爱娃又到劳动部秘书处上班了。下午一支游行队伍从她的阳台下经过。人们高呼着她的名字。她虚弱无力，露出疲倦的微笑，抬了抬手表示敬意，一反往常的习惯，没有发表任何讲话。她摆脱了大夫的监视，对庇隆的忠告充耳不闻，一头扎进没完没了的繁忙工作，从晚上九十点钟开始一直干到天亮。在一些人看来，她是不知道自己的病的严重性；在另一些人看，她有一种迷信的观念，希望出现某种奇迹，助她摆脱危险——上帝绝不会抛弃一个关心穷苦人的女人。第三种假设是，她可能试图在她有生之年所剩不多的时间里，完成她的事业。

暂时嘛，必须蒙骗。一位记者问她：

“夫人，据说你昏厥过，身体不适?”

她回答说：“根本没有这回事。这种事只有上流社会的夫人们才会发生。我是因为工作杂乱，感到有点小毛病，现在已经好了。再说，我这样做是出于对我表示关心的老百姓的爱。这种关心的价值胜过生命。”

她激烈反对任何对她表示同情的想法。可是她披露说，她感到万分痛苦，不是为她自己，而是为她的人民的未来。她这样说是真诚的。“我知道寡头势力，位于圣马丁广场的寡头势力，永远再也进不了政府。我担心的不是这个。我担心的是我们重新被寡头思想拉拢。我担心的是这个，很担心。为了避免这一点，我只要一息尚存，就要进行斗争。我要进行大量的斗争，使任何人都不会让自己受虚荣、特权、骄傲和野心的诱惑。”

可是她的健康是国事。在 1951 ~ 1952 年间，秘密机构按照庇隆的指示，对爱薇塔进行暗中监视。一个密探接受了一个荒谬的任务，报告折磨第一夫人的每天阴道出血情况，其实这种出血庇隆总统应该比任何人都知道得更清楚。夫人失血很多，经常把自己反锁在办公室的洗手间里，悄悄地换内裤。失血量很大，致使因病出血和月经期分不清。她呻吟，但绝不会在公开场合。她在浴室里呻吟时，佣人们听得见，便去帮助她，而她总是拒绝她们……

1951 年，放弃竞选副总统，使爱娃既心酸又失望，从此再也不能抱有幻想了。她的精力日渐衰退。从 9 月 21 日起，她就幽居在总统官邸二层的卧室里了。痛苦进一步缩短了她的睡眠时间。早晨七点钟，毕业于爱娃基金会学校的两名护士阿尔瓦莱兹姐妹最先来照顾。她的侍女伊尔玛·卡布勒拉给她端来传统的牛奶马黛茶，并且收拾房间，好让她等会儿接见来访者。将近八点钟，理发师胡利奥·阿尔卡拉兹进来，为病人精心梳理还剩下的头发。她的司机每周两次为她接来指甲修剪师加蒂。现在她每天只有三次机会见到丈夫，就是他早上出发去玫瑰宫的时候，晚上回来的时候和夜里去睡觉的时候。

可是，为改善病人状况所必需的平静，却被现政权第一次反庇隆的军事暴动即梅南德兹将军的起义，严重扰乱了。1951年9月28日拂晓，一组高级军官，以一支坦克纵队为先导，离开马约兵营，向布宜诺斯艾利斯进发。庇隆既紧张又惊慌，躲进了巴西大使馆。爱娃早晨发现丈夫不寻常地不在床上，想弄清楚究竟是怎么回事。忠于庇隆的总工会决定总罢工并向马约广场集中，这证实了病人的担忧。这位了不起的病人全凭一股勇气，离开病榻，到了军事部，召集了忠实于庇隆的各单位的指挥官。起义者没想到会遇到顽强抵抗，全都蒙了，纷纷散去，留下梅南德兹将军一个人待在他的坦克里。当晚九点，电台广播了庇隆夫人的讲话。“将军只是来告诉今天发生的事情的吧。”她说，“正因为如此，今天下午我没能去我们光荣的马约广场，与我的‘无衫汉’们在一起。可是我不希望这难忘的一天结束了，而没有把我的感激和致敬的口信捎给我的‘无衫汉’们，让我这颗阿根廷的和庇隆主义的女人的心与人民的心结合在一起。就在今天，人民又一次表明其心灵的伟大崇高和英雄主义。阿根廷人民有权受到尊重，他们至高无上的意志、他们的权利和他们的胜利成果应该得到捍卫，因为他们是这个世界上最优秀的人民；而阿根廷人民中最优秀的分子庇隆也应该得到捍卫，就像今天他得到全国人民的捍卫一样。我以卑贱者和‘无衫汉’们的名义，向你们大家表示感谢；为了卑贱者和‘无衫汉’，我糟蹋了自己的身体，但绝不糟蹋我的旗帜。我以我心灵的全部力量请求你们，继续幸福地和庇隆在一起，就像今天一样，直到死都这样，因为庇隆值得你们这样做，因为庇隆赢得了你们的心，我们应该用爱去报答他，以抵消他的敌人也就是祖国和人民的敌人对他的诽谤。我希望很快回到你们之中参加斗争，就像在庇隆的新阿根廷这些幸福岁月的每一天一样。为此，我请你们祈求上帝把我失去的健康赐还给我，不是为了我，而是为了庇隆，为了你们，我的‘无衫汉’们。”

爱娃的疾病和她退出副总统竞选，行将给庇隆提供最好的王牌。爱娃争取候选人提名在党内造成了不和，她的病则引起了广泛的感情宣泄，“她因为爱人民而牺牲了自己的健康”这句话，被最大限度地利用了。她的名字不仅没有从庇隆主义的宣传中消失，而是以爆发的方式到处出现，以至于在外国人眼里，夫妻两个人的参选，变成了庇隆和庇隆的参选。总统放弃了全国竞选旅行，但在全国大张旗鼓进行宣传，而且在宣传中给予妻子与他本人相同的分量。人们在所有教堂里以及在广场上和大路旁搭的祭坛上举行弥撒，祈祷爱娃恢复健康。朝圣者络绎不绝地前往卢汉，手里捧着圣母画像和祈愿爱娃康复的经文。许多人再三献血，各种各样的团体在全国组织代表团、游行、集会，所有这一切，对庇隆而言，都是最好的广告。反对派继续举行集会这件事，庇隆主义者甚至也认为是对一位女病人不够尊重！

10月份帕克大夫给爱娃做了检查，宣布非做手术不可。她的病似乎完全压倒了竞选运动，而集体的感伤表示则采取了神秘的方式，就像为了一个垂死的孩子还不到圣诞节就安排过圣诞节一样。人们宣布在这一年10月17日的忠贞节为爱薇塔祝圣。为迎接这件大事，首都和郊区的所有学校都安装了电视机。

1951年10月17日，一百五十万劳动群众包括妇女和儿童，聚集在马约广场，向爱薇塔表示感激。这个日子专门为她宣布为“忠诚日”。这位少妇仅勉强能够站起来。为了抑制疼痛，在来广场之前，一位护士给她注射了大剂量的吗啡。庇隆非常钟爱地搀扶着她，准备授予她庇隆主义党最高荣誉的勋章，一种只授予她一个人的勋章。爱娃鼓足了力气，再一次对她的“无衫汉”们发表讲话：“我亲爱的‘无衫汉’们，这个日子给我带来了满腔激情。我打心底里渴望与你们和庇隆一块度过这个日子。以后每年的10月17日，我无论如何都不会错过今天与人民的这个约会。我向你们保证，任何事任何人都不能阻止我来赴约，因为我欠了庇隆和你们——所有劳动人民和总工会所有会员神圣的情。为了来还这个情，即使我把自己生命的碎片留在了路上也没什么关系。

“我应该来，我来了。为的是感谢庇隆，感谢总工会、‘无衫汉’们和我的人民。庇隆刚刚授予我一个庇隆主义者所能得到的最高荣誉，对他我始终欠着情，直到有一天我能够献出我的生命，以表示感激他一向对我的仁厚。我所拥有的东西和我的思想没有一件是属于我的。一切都是庇隆的。我不想说一贯的谎话，声称我不配得到这些荣誉。不，我配得到这些荣誉，我的将军，哪怕是比世界上的所有金子更贵重的东西，我都配得到。我配得到，因为我爱我的国家，我所完成的事情是无价的，我所放弃的东西是无价的，我本人和我所拥有的东西是无价的。我只拥有一件有价值的东西，它在我心灵里燃烧，在我的肉体里跳动，在我的神经里颤抖：这就是我对我的人民和对庇隆的爱。我的将军，我感激你教会了我了解你，教会了我爱你。如果人民要求我献出生命，我会唱着歌献出它，因为仅仅一个‘无衫汉’的幸福就比我的生命还有价值。

“我应该来感谢总工会给我的荣誉，这对我而言，是阿根廷劳动人民留下的最珍贵的回忆。我应该来感谢劳动人民和总工会用这一天来为一个卑贱的女人祝圣。

“我应该来对你们说，正如我对将军说过的，必须积极地站好岗。危险并没有过去。人民的敌人、庇隆和祖国的敌人并没有睡觉。每一个阿根廷劳动人民都应该警觉，因为劳动人民的敌人躲在背叛的阴暗角落里，他们有时隐藏在一张笑脸或一只乞讨的手后面。我应该来感谢从祖国四面八方起来的亲爱的‘无衫汉’们，因为9月28日他们为了庇隆甘冒生命危险。我相信你们会采取行动保护庇隆。庇隆和祖国的敌人早就知道庇隆和爱娃·庇隆准备为人民而死。现在他们知道人民准备为庇隆而死。

“今天我只要求你们一件事情，同志们，就是大家一块发誓保卫庇隆，为他而战斗。我们用整整一分钟高喊我们的誓言，让世界每个角落都听得见。”

听到这里，群众发出排山倒海的呼喊：“愿为庇隆献出生命！愿为庇隆献出生命！”等呼喊声平息下来时，爱娃继续说：“同志们，我感谢你们的祈祷，我衷心感谢你们。但愿上帝听到我的祖国的卑贱者们的祈祷，让我不久就能重返战斗，与庇隆一道为你们而斗争，与你们一道为庇隆而斗争，一直斗争到死。

“我从来没有为我自己要求过任何东西，我永远不要求任何东西。我的荣耀就是庇隆的盾牌和我的人民的旗帜。即使我把我的生命的碎片留在路旁，我知道你们也会以我的名义收集起来，像一面旗帜一样高高举起，奔向胜利。

“我知道上帝与我们在一起，上帝与卑贱者们在一起，蔑视贵族们的傲慢。因此，胜利是我们的。我们迟早会取得胜利，而不计较付出的代价和人的生命的损失。我的‘无衫汉’们，我有许多事情想对你们说，可是医生们禁止我说话。我把我的心留给你们，我向你们许诺不久就会返回斗争，以更充沛的精力和更多的爱，为我像爱庇隆一样爱的这个国家而战斗。我只要求你们一件事：我相信我不久就能回到你们之中，不过如果由于我的健康状况，我不能再帮助庇隆，那么请你们忠实于他，因为这样你们也就是忠于祖国，忠于你们自己。所有‘无衫汉’们，我把你们紧紧拥抱在心上，我希望你们明白我多么爱你们。”

作为精明的观察者，佩德罗·阿尔拉（是他为爱娃的遗体抹的防腐香料）对这个女人的精力惊愕不已：“在这种时候贫血患者的特征都没有显示，既没有见到她用手按住胸部、大张着嘴喘息，也没有见到她因憋闷而眼球暴突或颈部的血管跳动，什么也没见到……我看见她一直面带微笑，嘴唇半闭，露出洁白的牙齿，这是由于上颌突出的缘故。”

从11月5日起，帕克教授在布宜诺斯艾利斯被严密看守，不准与任何人联系，甚至不能与他的私人的朋友美国大使埃尔斯沃思·邦克联系。11月3日，有人了解到爱娃被送进了庇隆总统综合诊所，该诊所整个第三层都给她腾了出来。在医院窗户下的街上开始聚集了一群群人，为爱娃的康复祈祷。发生了什么事？事实上，是阿根廷驻华盛顿的大使馆，经过秘密协商，请来了一位世界级的著名癌病专家——纽约纪念医院的乔治·帕克。这位美国外科医生到达机场时，奥尔兰多·贝尔托利尼和爱娃的哥哥胡安·杜阿特正在那里等候他。可是这两个人都不会说英语，所以急忙叫来礼宾司的一位官员尼古拉·贵拉尔德担任翻译。帕克教授被安排住在奥里沃斯总统官邸，并收到十万美元，任务完成之后两天返回他自己的国家。卡尔卡诺、菲诺奇埃托和帕克三位大夫一致决定做手术。至于爱娃，她选择了庇隆总统综合诊所，是为了离她亲爱的、为她难过的“无衫汉”们更近一些。

1951年11月4日，庇隆将军通知他的选民们，他不再参加任何集会。5日，在手术之前爱娃录了一个讲话，准备一旦发生不幸，作临终告别用。11月6日给她做了子宫切除术。综合诊所所长里卡尔多·菲诺奇埃托大夫、著名妇科医生乔治·阿尔贝特利大夫、布宜诺斯艾利斯大学医科学校校长罗克·伊佐大夫，协助帕克大夫做手术。手术持续了三小时二十分钟，癌细胞明显地被控制住了。可以肯定爱娃不知道帕克大夫在场。帕克大夫再来布宜诺斯艾利斯时，被授予了勋章，以表彰他治疗癌症的工作。同时被授予勋章的还有菲诺奇埃托大夫，他还接受了一篇模棱两可的讲话，让人以为爱娃的手术是他做的。这可能是想以此向公众和爱娃隐瞒一位外国专家的作用。总而言之，很可能爱娃直到最后什么也不知道。

五天之后，11月11日举行了选举，庇隆以60%的多数再次当选为总统。一个投票箱被送到了爱娃床头。她像四百万阿根廷妇女一样投了票。她们都是生平头一次履行这个义务。爱娃在住进综合诊所之前录了一个讲话。这个讲话在竞选运动的最后一天播放。“不投庇隆的票，对一个阿根廷人而言就是（我这样说，因为我感觉是这样）背叛自己的祖国。”她在讲话中说，11月11日她将在思想上伴随着所有选民，跟随着他们的每一个脚步。“我会像影子一样跟随着你们，在你们耳边和良心上重复着庇隆的名字，直到你们把你们的选票投进票箱，就像交给人民领袖一封表达爱戴、信仰和忠诚的信。”她最后说：“让庇隆主义者的每一票，在11月11日成为阿根廷人心里发出的呐喊：‘愿为庇隆献出生命！’”

庇隆重新当选，可是对爱娃来说却是完蛋。癌细胞已侵入无法做手术的生命器官。

第十三章

临　终

最后几个月很困难。11 月份做过手术后，爱娃很少在公开场合露面。她第一次露面，是在宣布庇隆获胜后总工会的“汉子们”火炬游行的时候。他们从马约广场出发，经过佛罗里达船坞、解放者圣马丁将军林荫大道，到达官邸前面。爱娃坐在轮椅里在阳台上接见了他们。

最动人的一次大概要算 1952 年 5 月 1 日的露面。她做出超出常人的努力，发表了一篇演说。在场的人都注意到，她的身影像幽灵，她说的话却铿锵有力。脸色煞白，眼睛里燃烧着激情，嗓音沙哑得几乎像男人，金色的头发向后挽着，身着一条普通的深灰色裙子，配一件同样颜色的短上衣和一条黑色腰带。这个僵尸般的爱娃，生命的气息凝聚在目光里和威胁的语调里，看上去俨然是一个复仇女神。一位女摄影师将让人们永远记住她那傲慢的姿态，扭曲的嘴咧成一个冷酷的微笑，右手举得与脸一样高，手掌向里翻，仿佛要祭献供品。她的人民将铭记在心里的就是她的这个形象。

1952 年 6 月 4 日庇隆就职的那一天，爱娃最后一次在公众面前出现。报纸尽管呼吁人民为爱娃的康复祈祷，但并没有提及她的病的严重性。然而凡是见到她的人都估计死亡离她已经很近了。在摄影机面前，她英勇地挺直身子，重新变成过去的爱娃。她甚至再也没有力气装出殉难者的样子。这最后一次露面算得上奇迹。医生给她在腿上和后颈打了镇痛剂。她召来自己的理发师和指甲修剪师，毫不吝啬地化妆，穿上她最华丽的貂皮大衣，艰难地上了敞篷汽车。车子里刚安装了石膏支架和铁丝，帮助她保持直立的姿势。从总统官邸到玫瑰宫这样行进了六公里，她始终面带微笑，甚至神情怡和。那情景真让人担心惊惧：爱薇塔容颜已改，濒于死亡，脂粉掩饰着一张死人般惨白的脸，最后一次接受人群的簇拥。到了玫瑰宫，医生再次给她服了镇痛药，她几乎昏厥过去。她又一次出现在阳台上，向群众致敬。阿根廷人民向她欢呼，挥动着千万块白色手帕表示永别。他们将永远见不到她了。

爱娃没有受骗，永远不会受骗。但是她遵守与死亡可怕的捉迷藏的规则，假装对战斗的结局懵然无知，掩饰住自己的痛苦和预感。“我不愿意打扰庇隆。”她对负责帮她搬到一间独立而远离丈夫的房间里的人员这样声称。她悄悄地躲开，以免引起庇隆拘束、内疚和怜悯。她搬到了玫瑰宫二层的一个房间。这个房间两个宽大的窗户朝向花园。花园前面是解放者林荫大道和那个纷繁的世界——它依然生存着，虽然没有她，没有病入膏肓的她！阳光透过带白色薄纱的厚窗帘漏进来，如果病人太虚弱，就拉开双层的红色天鹅绒窗帘。如果一位探望者被允许进来——他们是根据亲密程度经过筛选的——他就坐在一张包玫瑰色印花布的沙发上，或者就坐在路易十五式的床上。爱娃几乎日夜不眠。早晨七点钟，她的两个护士玛丽娅·欧热尼娅和玛丽娅·丽塔·阿尔瓦莱兹出现在房间。一个钟头后，他的理发师胡利奥·阿尔卡拉兹到。直到临终，总统夫人总要精心地梳理头发和化妆。她注意保护自己有名的形象，奇迹般地保持着漂亮的容颜。

医生们告诉她贫血正在缓解，一个月后她会恢复健康，可是这无济于事，她几乎连睁开眼睛的力气都没有了。尽管她的双肘和两个脚后跟竭尽了全力，但还是无法在床上坐起来。为了舒缓疼痛想把身子侧到另一边，就连这么简单的事情，也累得她透不过气来。似乎没有人注意到，癌症不仅使她人变消瘦了，而且使她个子变矮了。她喜欢穿丈夫的睡袍，可是穿在身上越来越显得空荡荡的。至于那两个护士，则总是隐瞒实情："你不是看到了你今天吃得不错吗？"她们把一点未动的饭菜撤走时总是这样说，"看上去你胖了一点，夫人。"大家都像哄骗小女孩子一样哄骗她。她感到狂怒，一种消耗着她而又无法发泄出来的狂怒。比疾病更令她窒息的是沮丧，是对死亡和对自己无能为力地丧失理智的恐惧。

她的家人都注意到，有时她的神智非常清醒。6月4日她说："我要把病治好，好去照顾穷人。"6月11日她说："上帝知道自己做什么。有些人只为自己活着，死的时候都毫无痛苦。我呢，一直为别人活着，可是你们看我多么痛苦。上帝以后一定会还我公道。""如果我的那些'无衫汉'们知道我多么爱他们！"7月1日她说："救救我吧。不是为了我自己，生命已经给了我所能梦想的一切：庇隆的爱和我的人民的爱。为了我的人民，你们应该救我。为了庇隆——他会重新变得非常孤单。为了我的人民，他们还需要我。穷苦人会遭遇什么呢？"7月10日她说："不要告诉我的'无衫汉'们我病了，他们会担心的。"7月16日："昨天晚上我进行了自我反省，觉得我对得起上帝。我除了关心穷苦人、关心劳动人民和爱庇隆，没有做过别的事情。"7月18日她又说："上帝是公平的。我是共和国总统的妻子，这并不妨碍他让我经受这场考验。你们帮我祈祷吧。”

将近八点半，爱娃的女佣人伊尔玛·卡布勒拉·德·费拉里给她送来清淡的早餐并收拾房间，好让她开始接见来访者。最先来的一般是各行会的代表团。直到临终，“希望夫人”一直接见来访者，倾听他们诉苦，像以往一样迅速地解决各种紧迫问题。亲信之中她最喜欢的是阿蒂利奥·伦济（爱娃·庇隆基金会的发言人）、奥斯卡·尼科利尼（运输部长和童年的朋友）和拉乌尔·阿波尔德。阿蒂利奥·伦济回忆说：“当她的情况恶化时，许多人奔波于内地寻找护身符和吉祥物。拥护者们从很远的地方来到总统官邸的花园里祈祷。她的家人经常收到护身符、神石、可以医病的圣像，等等。这就是人民。某种不可思议的东西……许多人感到危机、绝望和疯狂，这的确感人至深。”奥斯卡·尼科利尼讲述道：“她低声对我说：‘我走啦。该走啦，我知道。我经常处于迷糊状态还假装活着，好使他们以为我不知道结局。这是我在这个世界和我的祖国的终结，但并非在我亲人们的记忆中的终结。他们将会永远感到我的存在，其原因很简单，就是依然还存在不公正，这样他们就会记起我，这心爱的大地上所有不幸的人都会记起我。尼科，你是一个正直的人，你的友爱和你的坚定给我受伤害的心带来过慰藉。既然现在我就要去上帝面前了，所以我对你说下面这些话（此时此刻只有不加掩饰地说真话了！）：我拥有两个人生。一个是在庇隆之前的人生，另一个是和庇隆在一起的人生。第一个人生不值一提。相反另一个人生却非常美好。它使我得以爱人民，也使人民得以爱我。到了天国，我要继续保持这个人生。来世再见吧，尼科！’”

从亲信们的所有证言中，我们应该记住几个明显的事实。爱娃知道自己完了，她为此痛苦，但大部分时间用满不在乎的玩笑加以掩饰，这也许能分散她自己的注意力。对自己的美貌日渐消失她无法接受。关于这一点，哪个女人不能理解她？死亡？有什么要紧！变丑？绝不！她也准备死后的事情。这个高尚而野心勃勃的女人把坚韧的品德和女性的虚荣搅和在一起。在死亡的床上，她表现出哀伤。她这种表现人们从来没有见过，即使在她忍饥挨饿、受尽屈辱的年代也没有见过。某些日子，她几乎没有了丝毫活力，沮丧地陷入不堪忍受的痛苦之中。另外一些早晨，她诅咒天意让她受这么多苦难，也诅咒嘱咐她静养的医生。她不想死，她想活，她要人家把她失去的生命还给她。她在这种状态下度过了两个夜晚，直到镇静剂使她变得神志不清。经过漫长的挣扎，人越发衰弱，而疾病藏到了她身体的最深处。

她母亲和她几个姐姐轮流守护她，但下午她恢复知觉时，只有母亲在她身边。她们喝了一杯茶，无言地久久地搂抱在一起，直到爱薇塔像往常一样，想起来问今天是几号了，为什么没人给她送报纸来？在她神志清醒的两个片刻间，她竭尽精力写下了她的遗嘱："我要让我的全部财产供人民的最高和唯一的代表庇隆支配。我把我的财产视为人民的遗产和来自人民的庇隆主义运动的遗产。我的两本书《我活着的理由》和《我的使命》的版权绝对归庇隆和阿根廷人民所有。只要庇隆还活着，他就可以随意支配我的财产，可以把它们卖掉、赠送甚至烧掉，因为我生活中的一切都属于他，一切都是他的，首先是我自己的生命，我出于爱给了他，永远、绝对地给了他。

"但是在庇隆之后，我的财产的唯一继承人应该是人民，我请求劳动人民和我的人民中的妇女们，千方百计要求不折不扣地落实我这颗心的这个最高愿望，我这颗心曾经那样深深地爱着他们。

"我提到的和我可能忘记了的所有财产，都应该以这种或那种方式服务于人民。我希望用所有这些财产创立一个永久性社会救助基金，用于救助普遍陷入贫困的穷人。我希望他们接受，作为我爱他们的又一个证据。在这种情况下，我希望发给每一个家庭至少相当于一年工资的补助金。我还希望将一笔永久性基金作为奖学金，使劳动人民的子弟能够学习，成为庇隆理论的捍卫者。我乐于为庇隆的事业献出生命。

“我的首饰不属于我，大部分是我的人民送给我的礼物。即使我的朋友们、外国和庇隆将军所送的，也应该归还人民。我不希望它们落到寡头势力手里，所以我希望它们成为庇隆主义博物馆的永久性保证金，使人民直接受益。正如黄金是货币的保证一样，我希望让我的首饰成为全国各银行设立的一种永久性贷款的保证金，使人民获益，为我的祖国的劳动者建设住房。

“我也希望青年人、老年人、孩子们和我的‘无衫汉’们继续给我写信，就像我活着的时候一样。希望我要竖立的丰碑——人民代表大会能汇集所有的希望，并且借助于我的基金会有所作为。我一直希望我的基金会像我当初为‘无衫汉’们设计的那样纯洁。这样我就会永远感到自已贴近人民，继续充当‘无衫汉’们和庇隆之间的爱的桥梁。

“最后我希望所有人都知道，如果我犯有错误，那是因为爱而犯的。我希望始终看透我的心的上帝，不要因我的错误、缺点和许多毛病来判决我，而根据消耗了我的生命的爱来判决我。

“我最后要说的话和开头所说的一样：我希望永远与庇隆和我的人民生活在一起。上帝肯定会宽恕我更喜欢和他们待在一起，因为这样上帝也就与卑贱者在一起了。我一直看到上帝要求我给每个‘无衫汉’一点爱，我从来没有拒绝过。”

7月18日，医生们发现他们的病人昏迷了，便在病房里安放了氧气瓶，力图作最后的治疗。爱娃突然从昏迷状态醒过来，用清晰的声音惊讶地问道："为什么这么忙乱？这里这些管子是做什么用的？"谁也不敢回答。最后菲诺奇埃托大夫大胆地撒了一个善意的谎："我们刚才摘除了你后颈上给你造成莫大痛苦的神经。以后你就再也不会感到疼痛了。"使大家目瞪口呆的是，爱娃下了床，在护士的搀扶下，向浴室走去。她哥哥胡安也出了病房，高兴地对他在走廊里碰到的几个公务员喊道："爱娃得救啦！爱娃得救啦！感谢上帝，爱娃得救啦！"爱娃随后又睡着了。她极度衰弱，只是偶尔醒过来一会儿，吞咽几口茶。她失去了时间的概念，甚至连轮流守护她的人是谁也搞不清了。有一次她问："今天星期几？"人家回答说："星期二，22号。"可是她又重复她的问题，过一会儿自己回答道："哦，星期六，19号。"对别人眼里鸡毛蒜皮的小事，她更不想去关心了。

她的指甲修剪师描述说："第二天，她伸手拿起床头柜上一个蓝色的小珠宝匣。那里面是一枚直径三厘米的小小的金质像章，一面是爱娃的头像；另一面是几个字：'爱娃·庇隆1952年于萨拉·加蒂'。这一天，我是最后一次见到她。她穿一件天蓝色睡袍，没有戴首饰，只戴了结婚戒指。她的头发很长了，辫子结得松松的。稍后，她的理发师阿尔卡拉兹没有像往常一样获准进来，因为爱娃疼痛得很厉害。

"'和夫人一起待一会儿吧，'她的女佣人伊尔玛要求我。

"'我疼得很厉害，小萨拉。'爱娃·庇隆对我说。

"'别着急，'我安慰她说，'很快你就会好起来。'

"'不会啦。现在不会啦。'

"我禁不住流泪，找个借口，离开了病房。街上静得出奇。七天前我最后一次给她'修剪'指甲。将近下午两点半我到达总统官邸时，许多人在官邸祈祷，全都跪在当街，尽管天气寒冷。伊尔玛告诉我，夫人要用透明的指甲油。这不是好兆头。我预感到爱娃的死期临近了。我坐在病榻右边，在爱娃和一段时间以来给她输血清的瓶架之间，我从她的左手开始。她的手指修长，指甲呈椭圆形，又窄又硬。手指抖动着。我拿起那瓶雷维龙制的‘皇后钻石’牌指甲油，开始工作。抹指甲油花了半个小时。在我帮她护理双手时，庇隆将军进来和她打招呼。他拥抱了她。这间病房像医院里的病房一样：床单、被子全是白色的。”

7 月20 日上午，两位路过布宜诺斯艾利斯的德国专家为病人听诊了很长时间。他们的结论直言不讳：死亡不可避免而且已经临近。庇隆吩咐贝尼特兹神甫要让民众有心理准备。同一天下午，这位耶稣会士在7 月9 日大街方尖碑前举行了一次祈求奇迹的弥撒。许许多多人冒着倾盆大雨聚集在大街上，个个冻得瑟瑟发抖。更多疑的庇隆已经求助于一位西班牙医生佩德罗·阿尔拉大夫，要他在爱娃去世后立即为她的遗体涂防腐香料，刻不容缓地开始死亡的准备工作。7 月22 日早晨，一份官方公报宣布：“爱娃·庇隆夫人的健康状况明显恶化。”同样在这些天，有成千上万的人确信爱薇塔随时会升天，便进行五花八门荒唐的献祭活动，目的是想让爱薇塔在向上帝汇报时，能提到他们的姓名。各个教堂里挤满了忏悔者，一个个都表示愿意以自己的生命换取爱薇塔的生命，或者祈求天宫以应给予一位王后的荣誉迎接爱薇塔。

爱娃已经没有血液。这一点她的私人医生知道。她，这位阿根廷第一夫人、老百姓的圣母、不可征服的女战士，正在死去。想来也真不可思议，她为了成为她这样一个人所付出的全部努力、所做的全部工作、所耗费的全部精力，目标一达到，一切便戛然而止了。这种要获得个人成功的疯狂，这种要得到所有人承认和爱的渴望，也许正是冥冥之中预感到自己会在三十三岁上被死神不公正地、残忍地夺去生命吧。在她去世的前几天，庇隆授予她圣马丁项饰勋章，这是专门授予国家元首的勋章，它使爱娃有权享受国葬待遇。这个黄金和白金做的项圈，上面镶有七百五十颗钻石、绿宝石和红宝石。这是爱娃为她收藏的财宝增添的最后一件宝物。

7月26日19点40分她断气了（但官方公布她的死亡时间为20点25分），在场的人有她母亲、她哥哥、她三个姐姐、庇隆和内阁的阁员们。这天晚上，布宜诺斯艾利斯的所有广播电台都中止了正常节目，广播公告："新闻部办公厅不得不悲伤地宣布，国家的精神领袖爱娃·庇隆夫人于20点25分与世长辞。"这个公告每一刻钟重播一次。在间歇时间，电台则播放宗教音乐。午夜，内阁决定中止一切官方活动四十八小时，官方哀悼一个月。全城停止一切活动三天，每天早晨默哀一刻钟以示悼念。没有一家餐馆或一家商店营业，街上见不到一辆出租车。广播电台的节目没有一个不是有关举国哀悼的具体细节的。

葬礼那天，所有教堂都敲响丧钟一刻钟并进行五分钟的默哀。雪松镶银的棺材，盖着玻璃棺盖，覆盖着爱薇塔特别喜欢的兰花和仙客来，被抬着穿过哀悼的人群，到达这位圣母主宰了六年的劳动部。棺材将放在劳动部的大厅里陈列两周，连续悼念爱薇塔十四天。

尽管每天都有狂风暴雨，可还是有成千上万的人从阿根廷全国乘专列络绎不绝地来到这里，一直等到早上八点钟，在爱薇塔的遗体前鞠一躬，在冰冷的玻璃棺盖上虔诚地印一个吻。一位主祭经常用一块手绢轻轻擦掉玻璃上的水汽。所有男人都佩戴黑纱，打黑领带；女人们则都披黑头纱，手里捧一束紫罗兰，放在棺材上。"我真想拿我的生命换回你的生命。"其中一个喊道。队排了数公里长，队伍里一片肃静。爱娃去世后第二天，一位女人在一片吵嚷声中表示绝望，毫不夸张地说，她是冲进了劳动部，为的是最后看爱薇塔一回。送葬的路上人那样拥挤，一位妇女掉了手包，想去捡，马上被踩倒了①。军事部前国务秘书、军事学校校长埃斯塔那·瓦卡将军，因为过分激动，倒在军事部大门口。一些女人歇斯底里发作，扑到棺材上，想拥抱她。结果不得不求助于军队来阻止这汹涌的人潮。庇隆宣布推迟葬礼，直到来劳动部悼念的人流停止。

面对这种狂热，抹防腐香料的医生不得不恳求庇隆停止陈列遗体，因为他担心自己的工作。于是，棺材被运到了总工会（工会大厦）。在这里，爱娃终于可以安息了，等待她的那座富丽堂皇的陵墓竣工。这座陵墓建在首都市中心，上面矗立着爱娃的雕像，是由意大利雕塑家莱昂纳·托马西用一块四万吨重的卡拉拉大理石雕刻成的。每个省的省会必须在其市中心建一座这座陵墓的复制品。鉴于这些开销，总工会要求所有工人放弃 8 月 22 日一天的工资。从此这一天被命名为“放弃日”。爱娃的雕像酷似照亮阿根廷的自由女神雕像，她的遗体就长眠在这座雕像脚下，安放在一个由长明灯照亮的银造的墓穴里。可是阿根廷的命运和庇隆的垮台将彻底改变这一切②。

8 月 10 日，终于为爱薇塔举行了国葬。三军向她致敬，“无衫汉”们拉着安放灵柩的炮架，庇隆带领阿根廷哀悼。爱薇塔·庇隆不寻常

---

① 有三个人这样被踩死了，有两千多人被踩伤。——原注

② 爱娃一去世，胡安·庇隆统治的阿根廷即土崩瓦解。三年后，庇隆总统被废黜，逃到了乌拉圭。数座爱娃的雕像被推倒，镶银的雪松棺材的遭遇匪夷所思。流亡的同情者以爱娃家人的名义要求取回遗体，棺材一直停放在工会大厦。1955 年 11 月，工会干部担心棺材被新上台的军政府劫走，便日夜看守。可是 12 月 22 日夜里，军队的一支突击队还是把棺材连同遗体劫走了，秘密地放在一个兵营里。但突击队认为兵营不安全，又用卡车运走。工会发现了这辆卡车，严密监视。棺材换过两三个地方，军方觉得棘手，无法作出决定。后来，棺材先后被藏在一座官方的楼房里和一座工厂的仓库里。直到 1956 年 6 月一位目击者证明遗体一直处于良好状态，而后变成一个谜团。十五年间流传着五花八门的各种说法：有一种说法是遗体被军队焚化了；另一种说法是 1971 年 9 月份，遗体在西班牙被交还给了庇隆将军。在马德里庇隆住宅的二层，的确放着那口雪松银质棺材。庇隆与他的新夫人住在一层。这位新夫人不仅长相像爱娃，而且衣着、打扮、发型都像爱娃。庇隆想利用爱娃的遗体在阿根廷重新获得民望。——原注

的命运结束于辉煌的顶点。她的人民决定为她建的陵墓，是那个把一个贫穷的女孩子变成阿根廷第一夫人的童话的最后的形象。她的葬礼在灰蒙蒙的天空下持续了两天，布宜诺斯艾利斯市中心笼罩在不寻常的寂静之中，马约林荫大道点亮的路灯蒙上了黑纱。上午十点，爱薇塔·庇隆镶银的雪松黑棺材离开了劳动部。它在那里陈列了两周。时钟的指针一直停在爱娃死亡的时刻：20 点 25 分。棺盖扣在能让人看到逝者容颜的玻璃上面。四十个男人和十个女人——全都是卑贱的劳动人民——拉着灵车，两边各有三列士兵、大学生和爱娃·庇隆基金会的护士护送。庇隆将军由穿黑服的一个表弟和小舅子陪同，穿一套灰色西服，佩戴黑纱，打黑色领带。灵柩被拉到了国会大厦，在那里停放到星期日早晨，然后由两辆刻有铭文的战车开道，被运到总工会即临时住地，直到陵墓预计在第二年竣工。可是，历史将卷走这一切。庇隆不知道，整个阿根廷像他一样不知道，爱薇塔的葬礼提前敲响了现政权的丧钟。

爱薇塔去世后，胡安·多曼戈·庇隆不善于保卫政权。他 1955 年遭到排挤，流亡国外。先是流亡拉丁美洲，在那里他遇到了伊莎贝尔·马丁内斯，一位比他小三十五岁的女舞蹈演员，然后于 1961 年在马德里娶她为妻。他像依靠爱娃一样依靠这位妻子，1963 年派她去阿根廷领导地方竞选运动，支持庇隆主义的候选人。然后在 1971 年，他便准备回阿根廷了。庇隆感到时机已到，他并没有弄错。爱薇塔的民望依然非常高，她的画像出现在他们的广告上。多亏了爱薇塔，他们得到了 61% 的选票。真是命运的嘲弄：伊莎贝尔得到了爱薇塔徒劳地梦想了一辈子的副总统职位。可是这一次，阿根廷不再是战后那个富裕国家。当庇隆 1974 年 7 月去世的时候，伊莎贝尔担任了总统（代表一种越来越法西斯的庇隆主义，因为她受到约瑟·洛佩兹·维加的影响。此人是一位术士，被她任命为福利部长，有人说他用魔法迷住了伊莎贝尔）。国家陷入了深刻的危机。伊莎贝尔同样被历史和军队的风卷走了，于1976年3月24日逃到马德里避难。

历史上另一个骗子卡洛斯·梅内姆效法庇隆主义，于1989年当选为阿根廷总统，甚至于1995年再度当选，可面对全面的经济危机被迫于1999年5月放弃政权，2002年试图重新掌权没有成功，被内斯托·基尔切内尔击败。

庇隆主义是尚未定型的公有社会集权主义的表现形式，是国家革命树上的枝杈，一直存在于阿根廷民族主义之中。它既不是共产主义的变种，也不是法西斯主义的翻版。这是一股政治潮流，其理论是完全凭经验、根据事件的演变建立的，所追求的主要目标是有效行动。庇隆主义——这个民族主义和民粹主义的混合物——深刻地影响了阿根廷的生活。这种意识形态把社会改革、阶级合作政策和个人崇拜结合在一起，现在在拉丁美洲仍很活跃。

爱娃·庇隆是庇隆主义最富传奇色彩的代表。当代历史上没有任何女人可以和她媲美。她是唯一称得上“女国务活动家”的女人，唯一真正参与了一个大国事务的女人。她成功地创造了奇迹，使夫妻之爱摆脱了被资产阶级的羞耻心禁锢的半秘密状态，成为一种强有力的政治杠杆。在历史上这是绝无仅有的一个事例。她爱自己的丈夫并宣扬他、歌颂他。可是她利用这种爱情来维护她支持政府的活动，她把二者混为一谈，事实上她成了庇隆总统的宣传部长。强烈的爱情向她提供了一种语言和一种自由，没有这种强烈的爱情，二者她都不可能得到。这是一种奇特的语言，听上去既像是在诵读《圣经》，又像情人间有点傻乎乎的撒娇。

这是一对天生要居于统治地位的夫妇。他说着运动场的语言，有着奥林匹克的笑容和冠军的身影，卷起袖子治理阿根廷。她呢，瘦弱，金色头发，狂热，鼓吹热爱穷人、憎恨富人，向“无衫汉”们——阿根廷革命的“无衫汉”们发表演说时，穿晚礼服，戴很多首饰。七年间，爱情、憎恨、公正有两副面孔，就是胡安和爱娃·庇隆。这两张面孔和这两个名字，出现在所有橱窗里和所有墙壁上，印在储藏塔巨大的三角楣上，刻在安第斯山陡峭的岩壁上，用红铅画在煤气厂巨大的储气罐上，描绘在钟面上——它们被刻、被刺在阿根廷的皮肤上，既像爱情的誓言，又像世界上最大的食品柜的商标。阿根廷是小麦的海洋，可以用牛排喂饱人类的一半，它的“无衫汉”们成了南半球吃得最好、穿得最讲究的工人，潘帕斯草原喂肥了四千万头牛，在农产品竞赛会上夺得发展潜力一等奖。阿根廷喜欢创造纪录：世界上最大的游泳池，世界上最宽的林荫大道。因为阿根廷的主人是一位独裁者，是一位男子纪录保持者，是实践“庇隆成就大业，爱娃建树崇高”这一口号的人。七年间，这句口号和这排洁白的牙齿主宰着阿根廷。这不是一个男人的独裁，这是更宽容得多、更吸引人得多的一对夫妻的独裁。可是，1952年7月26日傍晚时分，身材娇小、浑身珠光宝气的女激进分子爱娃·庇隆去世了，庇隆突然剩下孤单一人，单独面对阿根廷。阿根廷的政治神话所依靠的是两张面孔，去掉了爱薇塔，庇隆主义就是一个严厉的、平庸的、脆弱的独裁。

如今，庇隆主义者们称爱娃为“圣爱薇塔”，把她描绘得头戴光环。看你是站在庇隆主义一边还是站在另一边，你可以给爱娃·庇隆戴上一张女圣人或有野心的女顾问的面具。但实际上只有一个女人，三十三岁时被耗尽血液、精力和希望的癌症夺去了性命。“我唯一的遗憾，”刚好在病倒之前她写道，“是人生如此短暂，因为在如此短暂的期限内，要做的事情太多了。”在比她预料更短暂的期限内，她占据了更重要的位置、完成了更多的事情，这是任何阿根廷女人都无法做到的。自1976年8月22日以来，爱薇塔长眠在布宜诺斯艾利斯东边雷科勒塔历史公墓一个豪华的家族墓穴里①。三十年来，每天都有不知名的仰慕者去她的墓地献上鲜花。

① 爱娃终于获得了她的合法地位。她那骨瘦如柴、长不足一米六的遗体长眠在杜阿特家族的墓穴里。该墓穴位于布宜诺斯艾利斯最著名的大型公墓雷科勒塔公墓。——原注

附录

参照年表

1919 年

胡安·杜阿特和胡安娜·伊巴尔古伦的女儿玛丽亚·爱娃·杜阿特出生于洛斯·托尔多斯。

1924 年

爱娃的父亲胡安·杜阿特去世。胡安·庇隆毕业于萨尔根托·卡布拉尔军官学校，被任命为上尉。

1928 年

庇隆任职于高等军事学校。

1929 年

庇隆任职于参谋部。

1930 年

爱娃及其家庭迁居胡宁。

1935 年

爱娃跟着马加尔迪逃到布宜诺斯艾利斯。

1936 年

庇隆被任命为驻智利使馆军事专员。

1939 年

爱娃被贝尔格拉诺电台雇用。

1942 年

联合军官集团（GOU）成立。

1943 年

爱娃遇到庇隆。庇隆成为劳动部长。

1944 年

庇隆成为国防部长，后又成为法莱尔新政府的副总统。庇隆和爱娃创建社会保险国家机构。

1945 年

庇隆和爱娃关心工人问题。反对派策划反对庇隆的阴谋，迫使他辞职。爱娃团结劳动人民，庇隆被释放。10 月 21 日庇隆与爱娃结婚。

1946 年

2 月 24 日庇隆胜利地当选共和国总统。爱娃开始在劳动和社会事务部工作。

1947 年

爱娃为妇女争取到选举权。她买下《劳动报》《图片新闻报》和《民主报》三家报纸。开始她“跨越彩虹”的欧洲之行。

1948 年

社会救助银行成立。

1949 年

爱娃创立庇隆主义妇女党。军队要求她引退，但未成功。

1950 年

庇隆拒绝激进派萨马利蒂诺的腐败指控。各工会向他表示忠诚。

1951 年

爱娃谋求副总统职位，后又放弃。她做了一次大手术。庇隆重新当选总统。

1952 年

爱娃·庇隆于 7 月26 日逝世，享有国葬待遇。

爱娃·庇隆神话

许多人试图分析爱薇塔神话赖以建立的因素。

科比 1969 年的剧本和艾伦·帕克 1996 年取材于安德鲁·劳埃德和蒂姆·赖斯音乐喜剧拍成的电影，无疑把爱薇塔塑造成了一个很有吸引力的戏剧和文学人物。但是对阿根廷人而言，她之所以进入了永恒，是因为今天她依然代表着社会报复和美的一种普世理想，而这种普世理想才是民众激情的真正催化剂。

美国拉特格斯大学拉丁美洲研究系的托玛斯·埃洛伊·马丁内斯，对爱薇塔神话赖以建立的因素进行了归纳：

（一）爱娃·庇隆作为一个昙花一现的人物，从她在广播电台扮演小角色那种默默无闻的状态，爬到了任何女人都没有坐过的宝座——卑贱者们的施恩者和国家的精神领袖的宝座上，她只用了不到四年时间。1943 年 9 月，她被贝尔格拉诺电台雇用，去扮演历史上的著名女人。最初的这些女性角色并没有给她带来任何名望。在上流社会那些听广播的人眼里，爱薇塔只是一个蹩脚的女演员，只能给军舰上的校官和尉官们提供消遣。她对任何人都构不成什么危险。

但到1947年7月份唱的就再也不是同样的调子了。这时爱薇塔成了美国《时代》周刊的封面人物。她去欧洲进行了一趟被新闻记者们称为“跨越彩虹”的旅行。她虽未担任任何公职，但到处都受到最高显要如国家元首、教皇的接见，并受到群众的欢迎。在她的旅行倒数第二站里约热内卢，美洲大陆各国的外交部长中断他们的会议，来对她表示欢迎并向她祝酒。那些看不起这位女演员的人，从此把她视为没有文化、野蛮、蛊惑人心的庇隆主义的象征而怀恨在心。爱娃二十六岁时就成了国家的第一夫人！除了约旦王后拉尼娅，没有任何女人这么早、这么年轻就体味到权力的陶醉。

（二）爱娃·庇隆是一位女政治家，她的行动思想动力是庇隆主义妇女党——阿根廷女性之家。她解释道：“女人的作用是并将永远是组成一个家。她们需要照料一个家，不是照料自己的家，就是照料另一个家……正因为这样，我希望我的党是一个家，每个基层单位像一个家庭，大家就像在一个家庭里一样得到许多爱，也会有一些争吵，找到创造力和工作精神。我知道我已经在许多地方获得了成功，尤其在非常有女人味的地方！妇女运动应该更多地致力于社会作用而不是政治作用，简单地讲，就是因为我们女人天生就是致力于社会作用的！我们的天职是为别人服务，这就是我们的社会作用。”

较之于当时的修养准则，她行事的方式是大男子主义的。她唤醒部长们，在最不相宜的时候向他们下达命令，让罢工停止，出于报复或纯粹因为任性而辞退记者或演员，而第二天又决定给他们恢复工作，把从偏远的地方迁徙来的成千上万乡下人安排住进过渡性住所，为工厂的落成典礼剪彩，乘火车一天参观十至十五个村庄，发表即席演说，在演说中喊出一个个地位卑微的人的姓名，像赶大车的一样出口骂人，从来不睡觉。她走路总是落后丈夫一步，却使丈夫显得像她的影子，像是她的反面。埃泽齐埃尔·马尔蒂内兹·埃斯特拉达在一篇令人难忘的抨击文章里这样写道："庇隆为征服整个国家而缺乏或初步拥有的一切，爱娃都亲自帮他发挥出来或对他进行启发。从这个意义上讲，她也是一个不负责任的野心勃勃的女人。事实上，庇隆是女人，而爱娃是男人。"

她由于自以为爱庇隆而变得盲目，把政治与社会救助、专断选择与慷慨行为、私人利益与公众事务混为一谈，因而遭到最尖刻的批评。她参观女工车间，到医院里看望病人，去脏兮兮的小区访问穷人，去市镇小学看望学生，为一次足球比赛开球。她为成千上万的乡村孩子（1949 年有十万以上）组织足球冠军赛，免费向他们提供运动服和齐全的运动设施，使他们能够来布宜诺斯艾利斯参赛。这是一位扎根基层的女政治家，她总是出现在人们意想不到的地方。

（三）像当代阿根廷所有著名传说一样，她英年早逝，死的时候年仅三十三岁，即基督的年龄。当载着加代尔和他的音乐家们的飞机烈火熊熊地撞到麦德林山上时，加代尔年仅四十岁。切·格瓦拉被玻利维亚军队一支小分队俘虏并在拉伊格拉枪毙时还不到四十岁。卡洛斯·加代尔的命运强烈吸引着庇隆夫人。爱娃想到的是阿根廷人民对这位探戈偶像的崇拜。有那么一丁点儿嫉妒刺伤着她的自尊心。她开始梦想得到像加代尔一样的荣耀，想象她的名字被刻在阿根廷著名人物的殿堂里，她的肖像挂在每个家庭里……她的梦想肯定能实现！然而，与加代尔和格瓦拉不同，她临终的每一个细节都受到群众关注。她的死亡成了集体的悲剧。1952 年五六月份，每天都举行数百场弥撒和仪式，祈求上帝医好一种不治之症。从开始播放她的病情简报，到由四十五个工人组成的行列把她的灵柩运到总工会总部，爱娃和阿根廷一百多天处于垂死状态。阿根廷到处建起了悼念的祭坛，死者的遗像在披黑纱的花环下面微笑。当时的阿根廷人没有一个人不记得那情形。

像所有英年早逝的人通常的情形一样，爱薇塔的神话既包含了她的行为，也包含她可能会做的事情。“如果爱薇塔活着，她肯定是游击队员，”20世纪70年代极左派庇隆主义分子唱道。谁知道呢？爱薇塔比庇隆激进得多、狂热得多，但并非不保守。她会赞同庇隆的决定。拿不可能发生的事情做文章，是社会学家们最常犯的毛病。在爱薇塔的个案中，这种文章在许多方面都可以做，因为在她去世后世界迅速改观。

（四）她是20世纪40年代的“绿林好汉”。断言爱薇塔屈从于受害者的角色是错误的。她无法容忍存在受害者，因为他们使她想起自己的过去。她竭力减轻她所遇到的所有受害者的痛苦。她专横地对待所有人，为的是争取人们帮助她的事业——不是慈善事业，她强调说，而是“社会公正”事业。一个电影制片公司的经理不巧经过她的办公室门口，当时她正在研究一个负担六个孩子的失业的鳏夫的情况。

“请进来，”她喊道，“你正是我要找的人。给这个不幸的人找份工作吧。”

经理看了爱娃递给他的履历表，茫然不知所措。

“可是夫人，”他争辩道，“这个人不懂我这一行，我能为他提供什么工作?”

“你们不是有一个牧场吗？在那里给他安排一个工作。”

“对，的确，这倒是可行的。”

“那么，立刻给你的管理人写信，”爱娃坚定地强调，“他需要一个住所安顿他的六个孩子，把这一点告诉你的管理人。”

“谨遵吩咐。”可怜的经理回答，他的生存之道十分仰仗于爱娃，

“我们会给他找到一个住所。”

有人说，爱娃对社会行动的兴趣，仅仅是因为她想羞辱慈善机构的贵夫人们，爱娃·庇隆基金会仅仅是一个庞大的个人宣传机构。这种说法部分是确实的。在1948年议会一次吵吵嚷嚷的辩论中，基金会被吸收加入行会，并获得了行会的权利。一位激进的议员嚷嚷说，宪章里应该写上“危险……狮子！”这样的文字，就像旧地图在未经勘探的土地上那样。事实上，与这个国家的法律相反，在募集资金方面，宪章授予了该基金会一个行会的权利，但在支出方面都承认它的个人自由。该基金会可从入库的税款中提取自己的份额。它拥有征用权，而且对国家财产拥有权利。因此，位于布宜诺斯艾利斯市中心属于大学的一个建筑群，立刻转到了该基金会名下。它有权兼并业已存在或正在建立的任何组织，它像一个国家机构可以利用国家资金。1949年议会表决通过给该基金一千四百万美元贷款。爱娃可以像花她自己的零用钱那样花费所有这些资金，而不要求她记任何账！她可以随心所欲地支出、投资、赠予或遗赠基金会的资金。

（五）庇隆疯狂地爱爱娃。不过，虽然不存在测量爱情的任何工具，但一切都表明，他爱爱薇塔远远没有爱薇塔爱他那样深。爱娃的影响对庇隆而言是决定性的。在爱娃出现在他的生活中之前，他一直是在幕后，躲在某个人后面工作。之后他的这个习惯也没有任何改变，因为在他们的公众生活之中，爱娃很快占据了前台的位置。庇隆的性格有时暴露出循规蹈矩的一面。他喜欢找托词，这妨碍他在紧急情况下作出大胆的决定。他总是试图给自己最专断的行动披上一件合法的外衣。在这方面他与爱娃不同：爱娃主要是想方设法引起人们的注意，而他是想方设法争取人心。由于爱娃不把合法性放在眼里，所以他把现政权所有不文明的行动都推到爱娃头上，而自己保持着道貌岸然的样子。不管怎样，他们两个谁也缺不了谁。在这个由男人主宰的国家，爱娃没有庇隆的保护，什么也休想得到。此外，这个显然属于她的男人的成功和仪容，比她不断购买而拥有的首饰和毛皮大衣更让她得意。庇隆方面则应该以炫耀人人羡慕的这位美丽妻子而自豪（爱娃的美貌随着命运的上升而上升）。在阿根廷，一个男人的阳刚之气几乎与位高权重一样重要。因此，这个充满魅力的年轻女人如此死心塌地（至少表面上）忠于他和他的事业，肯定令庇隆自鸣得意。在这一点上庇隆像许多更受妻子影响而不愿承认的男人一样，听到爱娃经常指责别的男人而感到非常满足。至于爱娃，她完全意识到自己的影响，所以最大限度地利用他。

（六）对许多人而言，接触爱薇塔就像接触天堂。偶像崇拜，是的，无疑在其神话的形成中起了决定性作用。当爱薇塔乘火车经过一座座村庄时，她的助手们拿出一沓沓钞票从车窗往外散发。这种场面有关她的生平的几乎所有纪录片都有记录。有时，她自己拿起一张钞票，在上面印一个吻，然后随风扔出去。她有着令人难以置信的勇气。在一个火车站，一群麻风病人远远地向她打招呼："爱薇塔！爱薇塔！圣爱薇塔！圣爱薇塔！"她不听所有人的劝阻，离开列车，和蔼可亲、满面笑容地向他们走过去，一个个拥抱他们、亲他们，然后对喜形于色的记者们说："告诉你们的读者，麻风病不是传染病。"她立刻成了一个真正的女人，并没有意识到她那动员群众的角色已经成了机械的条件反射。她渐渐地把狂热崇拜引进她的演说之中，奠定了庇隆的个人崇拜的基础。事实上，她对处于弱势的儿童、老年人和妇女满怀着同情。尽管庇隆主义的宣传歪曲了她的行动的意义，尽管死神在她身边徘徊，但当爱薇塔声称她愿意付出自己的生命以减轻穷人的痛苦时，她这样说是真诚的。她知道大部分接近她的人满口阿谀奉承其实都是受到私心的驱使。她希望别人是为她本人而不是为希望从她这里得到的东西而爱她，所以这种阿谀奉承的气氛并不足以消除她这样一个女人的孤独感。她于是设法使自己融汇到人民多种多样的心灵之中，作为他们的希望的旗手和权利的捍卫者。

（七）她体现了对一个胜利的阿根廷的怀念。在她的国家里，她过去一直是广播连续剧里的灰姑娘，是怀念命运的典范。这种命运即天国之母，其他任何人都不曾达到过。在国外，她象征权力，英年早逝的女人，具有同情心的女强人，在彼世的阳台上用夸张的语气说："不要为我哭泣，阿根廷！"就像在赞颂圣母马利亚的那出不朽音乐剧里一样。从她去世那天开始，爱娃·庇隆就进入了成千上万对她顶礼膜拜的工人、农民家里。她的彩色小照片像变魔法似的出现在城市和乡村里无产者的贫民窟里，出现在出租车和卡车里，出现在工会和体育俱乐部里。这些照片常常被蜡烛或聚光灯照亮。单纯而迷信的老百姓将她补充进了圣人的名单。建筑物的墙壁上出现了歪歪扭扭的字，写着："爱薇塔还活着。"她在世的时候，人们就把她奉若施恩的神明，崇敬有加，因为她施魔法似的建立医院、学校、收容所。也有人憎恨她，把她视为不择手段、恶毒而贪婪的女冒险家。她的死加剧了而不是缓和了这种对立。

庇隆倒台后，1955 年 10 月 7 日成立了国家调查委员会。结论是这个委员会的编写者们做出的："她缺少文化修养，但并不缺少政治直觉；她情绪激烈，好支配，常有惊人之举；她接受一些思想，又具有激情和勇气。独裁者庇隆有许多事情弄虚作假，她几乎从来不。这是一头不可驯服的小野兽，好斗，受本能支配，可能没有多少女人味。造化给了她讨人喜欢的容貌，当她大走红运、能够炫耀首饰和华丽服饰时，她的容貌更令人欣羡。这样她就洗雪了未曾忘却的幼年的贫穷，洗雪了后来作为默默无闻、没有前途的演员所遭受的屈辱。爱娃·庇隆是独裁者所掌握的宣传机器中最出色的成员。她内心的热情，她在困难时刻的决断精神，她不知疲倦地活动，还有她对社会和政治方面一切传统形式的藐视，使她能够降伏意志倔强的人，与平民阶级保持经常的联系，组织‘运动’中的妇女分支，激励群众，引起和增加怨恨，尤其随时随地让人们颂扬她的名字和事业。她的使命不是说服，而是鼓励行动，点燃激情，组织报复。她为人也许是真诚的，她那难得的一点点演员的天赋，不可能使她如此巧妙地装出她没有感觉到的情感……”

参考书目

巴恩斯（约翰）：《爱娃·庇隆》，伦敦，方塔纳·柯林斯出版社，1978年。

布鲁斯（乔治）：《爱娃·庇隆》，效力出版社，1980年。

博罗尼（奥特罗）、瓦卡（罗伯托）：《爱娃·庇隆的生平——关于她的经历的证词》，卷I，布宜诺斯艾利斯，狂风出版社，1970年。

卡蒂诺·克罗斯特（洛朗斯）：《爱娃·庇隆》，塞吉埃出版社，2005年。

科比：《爱娃·庇隆》，布古瓦出版社，1993年。

卡萨诺（贝尼格诺）：《爱娃·庇隆——她真实的生活》，布宜诺斯艾利斯，拉马斯出版社，1955年。

杜若夫纳·奥尔蒂兹（阿利西亚）：《爱娃·庇隆——无衫汉们的圣母》，巴黎，格拉塞出版社，1995年。

埃拉德（米塞阿）：《神话、梦幻和秘闻》，巴黎，伽利玛出版社，1989年。

埃洛瓦·马蒂内斯（托马斯）：《圣爱薇塔》，巴塞罗那，塞克